5분 철학

**HE FIVE-MINUTE
PHILOSOPHER**

5분 철학

초판인쇄 2015. 2. 10
초판발행 2015. 2. 16
지은이 제럴드 베네딕트 | **옮긴이** 박수철, 정혜정
펴낸이 김광우
편집 문혜영 | **디자인** 박정실 | **영업** 권순민 박장희
펴낸곳 知와 사랑 | **주소** 경기도 고양시 일산 동구 중앙로 1275번길 38-10. 1504호
전화 (02)335-2964 | **팩스** (031)901-2965
홈페이지 www.jiwasarang.co.kr
등록번호 제2011-000074호 | **등록일** 1999. 1. 23
인쇄 동화인쇄

이 도서의 국립중앙도서관 출판시도서목록(CIP)은 서지정보유통지원시스템
홈페이지(http://seoji.nl.go.kr)와 국가자료공동목록시스템(http://www.nl.go.kr/kolisnet)
에서 이용하실 수 있습니다.(CIP제어번호: CIP 2014026274)

ISBN 978-89-89007-76-0
값 12,000원

5분 철학

누구나 궁금해하지만
답할 수 없는 80가지 이야기

제럴드 베네딕트 지음
박수철 · 정혜정 옮김

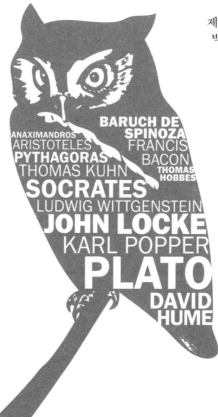

知와 사랑

3 우주

4 인간

5 영성

6 종교

7 신앙

8 행위

"우정은 좋은 포도주와 같아서

묵을수록 향기롭다."

작자 미상

THOMAS KUHN

ANAXIMANDROS

SOCRATES

PLATO

LUDWIG WITTGENSTEIN

JOHN LOCKE

KARL POPPER

DAVID HUME

BARUCH DE SPINOZA

FRANCIS BACON

PYTHAGORAS

ARISTOTELES

SOCRATES

PLATO

LUDWIG WITTGENSTEIN

JOHN LOCKE

KARL POPPER

서문

"이성의 운명은 기이하다.
의문이 생기면 그냥 지나치지 못하고
그렇다고 답을 찾지도 못한다."

임마누엘 칸트(1724~1804)

살아 있는 한 의문은 없을 수 없다. 외부의 자극에 의해서든 자발적인 호기심에 의해서든 앎은 필수요소이며, 정신의 한 기능이다. 초기 인류에게 묻고 답하는 일이 생존의 기술이었다면 현재의 우리에게는 의미 있는 삶을 추구하는 과정이다. 질문이 잘못되면 답을 찾느라 자칫 평생을 허비할 수도 있기 때문에 제대로 질문하는 것이 중요하다. 그래서 미국의 유머 작가이자 만화가 제임스 터버는 "모든 답을 알기보다는 몇 가지 문제를 아는 것이 낫다"라고 했다.

묻기는 유아기에 시작되어 우리가 살아가는 한 지속된다. 질문은 미지의 세계로 난 창이며 아는 것과 모르는 것의 연결 고리이다. "어떻게 지냈어요?" "지금 몇 시죠?" "어떻게 하는지 가르쳐 주시겠어요?" 같은 일상의 질문들은 대부분 정보와 사실을 수집하는 수단이다. 중요한 질문은 왜 살아가는지, 애초에 왜 질문이 생겨났는지를 묻는 것이다. 배움은 질문과 답 사이에 있으며, 가르침의 큰 틀도 바로 여기에 있다. 이것이 소크라테스의 방법, 즉 하나의 관점을 다른 관점과 대응시켜 논쟁하며 답을 구하는 변증법이다. 바로 "반면에, 이렇게 생각해 보면…"의 화법으로 진리에 도달하는 방식이었다. 소크라테스는 질문을 새로운 지식과 인식의 출생을 돕는 산파라고 여겼다. 질문은 새로운 생각의 씨앗이 된다.

이 책에서 다루는 질문들은 사실이나 정보에 관한 것이 아니다. 그렇기 때문에 백과사전보다 탐험의 여정이 필요하다. 탐험의 주체는 "나" 자신이며, 장비는 편견 없는 마음과 자기 성찰, 고정관념을 내던질 의지다. 문제는 너무 바빠 생각할 겨를이 없다는 것이다. 언제나 다른 일들이 먼저다. 프랑스의 철학자 시몬 베유는 "누구나 자기 시간을 계획할 여유와 자유가 있어야 한다. 그래야 더 깊은 관심에 다다를 수 있다. 홀로 있기와 침묵하기"라고 했다. 내 안에서 두려움과 욕구, 야망과 희망을 발견하는 "나"에서 잠시 벗어나 자기 집착을 떨치고 "보다 고차원의 관심"에 도달하는 "나"로 나아간다. 이때 비로소 우리는 "내"가 큰 "전체"의 일부임을 자각하게 된다. 이렇게 고요한 명상을 통해 답해야 하는 질문들이 있다.

이런저런 질문들에 사실 답을 한 것은 아니다. 이 책에서 질문을 던지고 답을 했지만, 사실 답이라기보다 몇 가지 의견을 뭉뚱그린 것에 불과하다. 알고 보면 이 책에 제시된 질문이 최선은 아니다. 필자의 답을 들여다보면 더 나은 질문이 떠오를 수도 있다. 단편적인 사실이나 정보를 묻는 것이 아니면 바로 답하기는 어렵다. 그렇기 때문에 이 책이 묻는 질문들을 탐색하려면 시간이 필요하다. 더불어 자기 성찰, 정직함, 심지어 용기까지 있어야 한다. 이 책이 도움이 된다면 고작 독자들의 생각을 재편하는 정도일 것이다. 즉 기왕에 가지고 있는 관념과 문득 떠오른 관념을 충돌시켜 새로운 생각을 내게 하는 것이다. 그러면 만화경에서 원래의 모양과 색에 새로운 모양과 색을 넣듯 우리의 정신과 생각에 완전히 새로운 무늬가 생긴다. 이 책이 묻는 문제들을 생각하다 보면 현재 알고 있는 것에서 한 발짝 더 나아갈 수 있다. 이성에 대해 난감한 질문들을 무시하지도, 해결하지도 못한다는 칸트의 말이 옳다면 마땅히 이성을 넘어서야 한다.

이 책에서는 질문을 크게 여덟 가지로 묶어보았다.

지식 knowledge

우리는 여러 경로로 자료를 수집, 연결해서 지식을 얻는다. 지식의 초보적인 형태는 실용적("방법"을 아는 것) 또는 이론적("대상"을 아는 것)인 교육과 경험을 통해 사실이나 전문지식을 쌓는 것이다. 지식에는 일반적인 것이 있고 전문적인 것이 있으며, 교육과 경험을 통해 관념이나 인식을 추출하려는 우리의 반응이 포함된다. 따라서 앎의 대상이 되는 것은 반드시 참되어야 하고 플라톤이 말한 "정당화된 참된 신념justified true belief"이 뒷받침되어야 한다. 지식과 신앙은 차원이 다르다(각 장에서 별도로 다룬다). 대체로 지식은 확실성, 신념은 신뢰와 관련이 있다. 지식을 구하는 것은 정신의 본성이지만 신념을 갖는 것은 정신의 한 상태이다. 지식을 우리가 모르는 것의 표시로 삼는다면 더욱더 알고자 노력하는 동기가 된다. 여기서 다루는 문제들은 지식과 인식 주체를 아우른다.

자아 self

"자아"의 실체는 모호해서 규정하기 어렵고 철학적, 심리학적으로 명확히 정의되지 않는다. 굳이 말한다면 자아란 몸과 마음의 상태가 변해도 일정하게 유지되는 앎과 반응의 주체라고 하겠다. 자아는 늘 존재하며 자기 존재를 의식하고 있다는 점에서 항상적이라고 할 수도 있겠지만 타인, 사물, 환경, 자연 등과의 관계 속에서 드러나기 때문에 그때그때 변화한다는 사실 또한 명백하다. 자아는 신앙, 불가지론, 무신론 또는 세속주의 그 어느 것과 관계를 하든 유일

무이한 존재라는 심상을 가지고 있으며, 결국 사람마다 "참 자아" 또는 "본질적 자아"가 있다는 관념에 이르게 된다. 이것은 플라톤의 영혼soul, 또는 생각하는 실체의 개념과 같거나 유사하다. 또는 르네 데카르트가 말한 "나는 생각한다, 고로 존재한다I think, therefore I am"의 "나"일 수도 있고 지그문트 프로이트의 "에고ego"일 수도 있다. 그러나 "자아self"라는 용어로 정신적인 무엇을 지칭하는 것에 대해 진부하다고 생각하는 철학자들도 있다. 데이비드 흄은 "나"라고 지칭하는 것을 자각할 가능성을 부정했다. 우리가 자각하는 "나"는 계속 바뀌기 때문이다. 또 "자아라는 생각을 갖게 하는 어떤 인상이 있다면 그것은 일생동안 변함없이 지속되어야 한다. 자아의 존재는 그런 식으로 상정되기 때문이다. 그러나 항상적이고 불변하는 인상이란 없다."

우주 Cosmos

우주에 대한 관심이 높아지고 있다. 특히 우주가 어떻게 생성되었고 지구상에 생명이 어떻게 탄생했는지에 관심이 모아지고 있다. 지구 밖에도 생명체가 있을지 모른다는 추측도 나온다. 태양계 안에는 아마 다른 생명체가 없겠지만 무수히 많은 다른 태양계가 있다는 가설은 다른 생명체의 가능성을 열어놓는다. 스티븐 호킹은 "나는 평생 커다란 질문들에 매혹되어 과학에 매진했다"라고 말했다. 다른 일각에서는 현대의 우주론이 나 자신에 대한 이해를 바꾸는지, 또 "지상의 인간이" 어떻게 더 큰 차원의 우주와 조화를 이룰지 탐구한다. 폴 리쾨르는 "우주 차원에서 보면 우리의 삶은 아무것도 아니다. 하지만 우리가 사는 이 짧은 기간은 온갖 의미 있는 질문들이 생성되는 시간"이라고 말했다. 그 "의미 있는 질문들" 몇을 이 표제 아래에서 다룬다.

인간 Humankind

햄릿은 인간을 "동물들의 귀감"이라고 했지만 찰스 다윈은 "인간은 그가 지닌 모든 고귀한 특징에도 불구하고… 여전히 미천한 혈통의 낙인을 몸에 지닌 채 살아간다"라고 말했다. 인간에 대한 우리의 이해는 아직도 창조론과 생물학적 진화론의 팽팽한 긴장에 붙들려 있다. 한때 지적 창조론이 둘 사이의 교량이 될 것이라고 여겨졌지만 지금은 물 건너갔다. 인류는 "미천한 혈통"에서 크게 발전했지만 여전히 넘을 수 없는 문제에 직면해 있다. 특히 평화와 지구 환경 문제가 그렇다. 인간은 다른 동물들과 많은 점에서 다르다. 무엇보다 독일의 철학자 에리히 프롬이 말한 대로 "인간은 자기 존재에 대해 해답을 찾아야 하는 유일한 동물"이다. 이러한 존재의 문제는 의미와 목적이 있는가 없는가의 문제와 통한다. 인간이라는 동물은 생물학적 구조도 복잡하지만 지성, 정신, 상상력, 창조성 같은 능력을 봐도 그렇다. 인류는 독특한 진화과정을 거쳐왔고 모든 면에서 천재적이다. 그럼에도 인간은 마음 깊이 허전함을 느낀다. 이 언저리의 질문을 통해 "왜 사는지 아는 사람은 어떤 삶이든 견딜 수 있다"라는 프리드리히 니체의 격언을 체감하게 될 것이다.

영성 Spirituality

앞에 말한 결핍감은 늘 열띤 논쟁을 일으킨 문제와 관계가 깊다. 즉 몸이라는 껍질 안에 물질세계를 초월하는 자아, 영혼, 신령함 따위가 있는가의 문제이다. 인류의 역사는 그 시작부터 줄곧 "타자"에 대한 탐색이었다. 아시시의 성 프란치스코의 표현을 빌리면 "네가 찾아 헤매는 것은 바로 너의 눈앞에 있다." 피에르 테야르 드 샤르댕이 말한 대로 자신을 "영적 체험을 하는 인간이 아니라… 인간적 체험을 하고 있는 영적 존재"로 생각하는 사람들과 최근의 열렬한 무신론자들이 창조적인 대화를 나눌 수 있지 않을까? 이 책에서 말하는 영성이 기성 종교의 신학이나 교의를 가리키는 것은 아니다. 영성은 경전의 자구에 매달리는 권위주의나 전통을 중시하는 보수주의에 있지 않다. 영성이란 "지금 여기"의 기적을 이야기한다. 서양에 선불교와 동양 사상을 소개한 앨런 와츠는 이렇게 표현했다. "선禪은 감자껍질을 벗기며 신에 대해 묵상하기를 영성이라 말하지 않는다. 선이 말하는 영성은 감자껍질 벗기기 자체이다."

종교 Religion

"철학은 답 없는 질문이며, 종교는 질문 없는 답"이라는 말이 있다. 종교에서 가장 큰 문제는 강력한 권위의 비호를 받는 독단주의이다. 신앙의 기준을 제시해온 기성 종교는 악과 선의 근원이었다. 종교는 권력욕을 부채질하는 한편 이타 행동을 독려하기도 했다. 종교는 전쟁을 일으키고 이단을 징벌해서 말할 수 없는 고통을 초래하기도 했지만 인간에 대한 연민과 양심으로 세계 곳곳에 교육과 의료를 베풀었다. 또 문화를 통째로 파괴하기도 하고 위대한 예술에 영감을 주기도 했다. 종교의 독단과 보수성이 수많은 사람들에게 신실한 신앙의 울타리가 돼주었다면, 생각이 자유로운 사람들은 자신만의 살아 숨 쉬는 믿음을 찾기 위해 종교의 틀을 깨뜨려야 했다. 미국의 코미디언 레니 브루스는 이를 두고 "사람들은 매일 교회에서 벗어나 신에게로 돌아가고 있다"라고 표현했다. 종교를 적극적으로 해석한 말이다. 영국의 언론인 겸 소설가 체스터턴은 조롱을 허용하는 종교는 좋은 종교라고 말했다.

신앙 Belief

앞서 지식과 신앙을 구별했고 신앙은 신뢰를 함축한다고 말했다. "믿음" 또한 신뢰를 함축한다. "나는 너를 믿는다" 또는 "나는 모든 일이 잘 될 거라고 믿는다"와 같은 문장에서 신앙과 믿음 두 개념은 바꿔 쓸 수 있다. 그러나 약간 다른 점이 있다. 신앙은 주로 강령 따위로 표현된 생각이나 사상을 일컫는다. 믿음은 상대적인 진리보다 절대적인 진리와 연결되며 영성과 관계가 있다. 알지 못하는 대상도 옳다는 직감이 있으면 믿는 것이 가능하다. 신념은 그 직관에 기꺼이 따르는 성향이다. 믿음은 확신을 내비치지만 신념은 위험성을 내포한다. 그래서 "신념의 널뛰기"라는 표현이 있다. 신념은 최초의 에베레스트 정복이나 최초의 대서양 횡단비행 같은 새로운 일을 해낸 선구자와 관계된다. 이들은 신념을 가지고 행해서 그러한 일이

가능하다는 것을 보여준 인물들이다. 그 뒤를 이어서 비로소 나도 할 수 있다고 믿는 사람들이 생겨난다. 신기원을 이루는 신념은 아주 드물다. 그래서 소수의 신념이 다수의 믿음을 낳는 것이다. 하지만 이 장에서 제기하는 질문들에서 믿음과 신념을 분리해서 생각할 필요는 없다. 각자 알아서 쓰면 된다. 과학 대중화에 기여한 공상과학소설의 거장 아이작 아시모프는 두 개념을 다 사용해서 "어떤 신앙이 목숨 걸고 믿음을 지키는 독실한 추종자들을 외면하겠는가"라고 말했다.

행위 Behaviour

무엇이 삶의 "최선"인지는 그 사회의 관습과 법이 결정한다. 관습이나 법은 서로 상대의 권리와 특성을 존중하며 평화롭게 공존하도록 하는 사회적 장치이다. 법과 관습은 우리가 어떤 사회를 원하는가에 따라 형태가 달라진다. 이 문제는 법과 관습뿐만 아니라 교육의 측면에서도 제기된다. 사회는 설계자들의 손으로 결정되는 것이 아니라 마치 정원처럼 꾸준히 발전해왔다. 하지만 서구사회는 정원과 달리 고요하기보다는 스트레스, 불안, 불확실성에 시달리고 있다. 그 원인은 생태, 경제, 정치 등 여러 분야에 걸쳐 있다. 그래서 정부는 문명이 와해되지 않도록 안간힘을 쓰고 있는 듯하다. 데이비드 에밀 뒤르켐[프랑스의 사회학자, 교육학자이자 콩트의 후계자로서 실증주의 사회학의 대표자]은 인간의 행동은 "사회적 사실"에 의해 결정된다고 주장했다. "사회적 사실이란 하나하나의 행동방식이다. 이러한 행동방식은 정해져 있든 그렇지 않든 개인에게 외적 제약으로 작용할 수 있다." 우리의 행동양식은 법과 규칙에 좌우된다. 뒤르켐은 사회가 성숙하지 못할수록 법규 체계가 복잡해진다고 말했다. 알베르트 슈바이처가 제안한 해법은 보다 단순하지만 개인과 사회의 높은 성숙도를 요구한다. "윤리 또한 삶에 대한 경외 이외에는 아무것도 아니다. 여기에서 바로 기본 도덕 원칙이 나온다. 삶을 유지, 증진, 향상시키는 것이 선이고, 삶을 파괴하며 해치고 제한하는 것이 악이라는 원칙이다."

질문하기는 자유를 얻는 방법이다. 절대적인 답이 없는 질문을 놓고 숙고하는 일은 이미 알고 있는 사실의 한계와 사고의 틀을 깨는 것이다. 그것은 전횡적인 독단과 관습, 전문가들의 주장을 떨쳐버릴 기회이다. 자기 힘으로 생각하는 자유를 얻기는 어렵다. 그런만큼 우리는 어렵사리 얻은 자유를 "질문을 사랑"하고 "답을 감당"하는 데 써야 한다. 시인 라이너 마리아 릴케는 이런 말로 우리를 격려했다. "마음속에 있는 풀리지 않는 것들을 인내심을 갖고 있는 그대로 사랑하도록 노력하라. 지금 답을 찾지 마라. 그 답을 감당할 수 없을지도 모르기 때문이다. 핵심은 풀리지 않는 모든 것을 감당하는 것이다."

THOMAS KUHN

ANAXIMANDROS

SOCRATES

PLATO

LUDWIG WITTGENSTEIN

JOHN LOCKE

KARL POPPER

DAVID HUME

BARUCH DE SPINOZA

FRANCIS BACON

PYTHAGORAS

ARISTOTELES

SOCRATES

PLATO

LUDWIG WITTGENSTEIN

JOHN LOCKE

KARL POPPER

1

지식
Knowledge

"유일한 선은 지식이며 유일한 악은 무지이다."

소크라테스(약 BC 469~BC 399)

"참된 진술의 반대는 거짓 진술이지만,

심오한 진실의 반대는

또 다른 심오한 진실이 될 수 있다."

닐스 보어(1885~1962)

지식이란 무엇일까?

현재 우리가 알고 있는 것은 태어나는 순간부터 우리의 정신이 흡수하고 간직해온 것의 총합이다. 그 덕분에 우리는 세상과 관계를 맺고, 감각자료를 지적 능력과 연결할 수 있다. 이렇게 축적된 지식에 기대어 우리는 어마어마한 자극들이 주는 정보를 인지해서 대응, 분류, 조직한다. 그것은 일종의 데이터 창고이다. 기억이 부단히 바뀌는 환경에 따라 이 창고에서 필요한 것을 불러낸다. 지식이란 결국 이 경험이 얻어낸 정보이다. 경험주의란, 지식의 유일한 기초는 관찰, 실험, 추론밖에 없다고 보는 이론이다. 경험주의의 다른 쪽에는 관념론이 있다. 관념론자는 물질의 존재를 인정하되 그 본질은 우리의 지각에 의해 좌우된다고 주장한다.

"…에 대해" 아는 것과 보고 행해서 아는 것은 다르다. 전자는 "유추된 지식referred knowledge"으로, 후자는 "실용적 지식practical knowledge"으로 표현할 수 있다. 우리는 눈으로 보지 않고도 에베레스트 산에 대해 알고 있다. 반면 심장이식술이나 악기 연주법은 훈련을 통한 기술 습득으로 안다. 그러나 이 두 형태의 지식은 겹치기도 한다. 왜냐하면 심장이식이나 악기 연주를 못해도 그것에 대해서 알 수는 있기 때문이다.

가장 단순한 형태의 지식은 사실, 사물의 명칭, 똑떨어지는 명사, 변별하는 형용사와 관련이 있다. 역사 연대, 가족과 친구의 이름, 새를 구별짓는 특징, 혹은 자동차 부품 따위 사실들은 유형, 무형의

학습을 통해 습득된다. 개념concept과 관념idea은 좀 더 복잡하다. 우리는 각자 미감을 가지고 있고 "좋은 것"에 대한 미적, 도덕적 기준도 가지고 있으며, 어렴풋이나마 정치적 이상이나 신앙을 가지고 있기도 한다. 이렇게 점진적으로 형성되는 지식, 즉 개념이나 관념은 가치판단의 출발점이 되고, 우리는 이것에 의지해서 선택을 한다. 나 자신을 아는 것은 가장 의미 있는 학습곡선learning curve[학습의 결과로 일어나는 행동의 변화를 도식화한 것]이다. 내가 무엇을 좋아하고 무엇을 싫어하는지, 무엇을 중히 여기고 무엇을 소홀히 하는지, 내 잠재 능력을 알기 위해 무엇을 배우고 해야 하는지 점차 알아가게 된다. 자기 이해는 주변과 사물, 그리고 사람들과의 관계에서 얻어진다. 그러나 그것은 주관적이다. 타자에 대한 지식은 이보다는 낫다. 검증 가능한 증거를 얻어 사실 여부를 확인해 볼 수 있기 때문이다. 이러한 종류의 지식은 서로 비춰볼 수 있다. 로마의 시인 가이우스 루킬리우스는 "지식이 지식이 되려면 누가 안다는 사실을 다른 누군가가 알아야 한다"라고 했다.

그렇다면 지혜는 무엇일까? 어떤 이의 지식을 깊이 이해해서 사람, 상황, 선택, 판단에 적용하는 것이라고 할 수 있다. 공자는 지혜를 "고상한 생각, 쉬운 모방, 쓰디쓴 경험"의 세 단계로 이야기했다.

알고 이해하는 데 한계가 있을까?

과학자들이 하나의 이론으로 우주의 기원을 설명하고 모든 생명 현상에 적용되는 단 하나의 공식을 도출하려는 시대의 가설은 "알 만한 것은 다 알 수 있다"이다. 『시간의 역사*A Brief History of Time*』에서 스티븐 호킹은 "우리 우주에 대한 완벽한 설명"이 목표지만 아직 상대성 이론과 양자역학 같은 불완전한 이론들로 나뉘어 있다고 말한다.

우리는 우주에 관한 궁극적인 질문들을 기꺼이 우주론자와 천체물리학자들에게 맡긴다. 오늘날 인류는 그 어느 때보다 많은 지식을 축적했는데 그것을 얻은 과정은 집단적이었다. 즉 여러 세대와 문화에 속한 많은 사람들이 만든 결과이다. 카를 융 식으로 표현하면, 우리는 집단의식을 가지고 있고, 축적된 정보의 폭과 깊이가 엄청난데도 전지적 능력과는 멀어도 한참 멀다. 인간의 인지능력이 무한하다고 전제하더라도 경험한 바로는 그렇지 않다. 바꾸어 말하면, 다 알고 이해할 가능성은 시간, 인간 두뇌의 질과 양, 급변하는 지식 같은 요인들 때문에 실현될 수 없다.

- -

"얕은 지식이 위험하다면 위험에서 벗어날 만큼
많이 아는 사람이 과연 있을까?"

T. H. 헉슬리(1825~1895)

- -

뇌는 우리의 유일한 작업도구다. 그렇기 때문에 수백만 명이 함께 일을 하더라도 뇌의 고유한 작동 방식이 있기 때문에 성취 내용은 그에 따라 정해진다. 뇌는 생체기관이다. 그래서 다른 신체기관과 마찬가지로 질병에 걸린다. 뇌는 에너지를 필요로 하기 때문에 자동기관이 아니며, 전신의 건강뿐 아니라 정보의 습득과 처리 과정에 필요한 몸의 감각기관도 중요하다. 가령 눈이나 귀에 문제가 생기면 뇌로 전달되는 신호의 질이 달라진다.

우리가 그때그때 알고 이해하는 데는 한계가 있다. 언젠가 우주의 기원이 완전히 밝혀진다고 하더라도 그러기까지 어마어마한 시간이 요구된다. 우주 기원이 100퍼센트 해독되면 어떤 상황이 벌어질까? 앎에 대한 욕구가 문명 성장의 동력이었다. 앎에 대한 욕구는 인간 진화의 추동력이라고 할 만큼 기본적인 요소이다. 여기서 문명 흥망성쇠의 와중에 사라진 지식을 짚고 넘어가야 한다. 모든 것을 다 알려면 사라진 지식을 복원하는 것이 앎의 일부분이 되어야 한다. 당분간 전지의 가능성은 신의 영역일 것이다.

앎은 겸손의 과정이다. 우주의 광대함과 기원에 관해 알고 이해하는 문제 앞에서 우리는 소크라테스의 말에 저절로 고개를 끄덕이게 된다. "내가 아무것도 모른다는 것, 그것이 내가 아는 전부이다."

우리가 제대로 알고 있다고 어떻게 알 수 있을까?

"내가 아는 게 정확한지 어떻게 자신하지?"라는 질문은 철학자들의 오랜 고민이었다. 모든 지식이 다 검증을 거치는 것은 아니다. "2+2=4"라는 것, 토마토는 붉다, 영국은 유럽 북서쪽에 있는 섬나라라는 것 등이 그렇다. 이런 사항들은 의심이나 논쟁이 일어날 때 쉽게 사실 여부를 검증할 수 있다. 그러나 새로운 지식을 얻으려면 그것이 옳다는 자신감이 필요하다. 또 읽거나 들은 내용을 바로 수용하는 것보다는 질문을 제기하는 편이 유용할 때도 있으며, 명백하게 옳아도 때로 검토가 필요하다.

어떤 명제의 진위를 가리는 일은 판별 수단에 따라서 과정이 달라지기 때문에 생각보다 복잡 미묘하다. 보통은 보고 경험해서 진위를 가린다. 알고 있는 내용과 일치하면 옳다고 인정하기 쉽다. 나와 같은 의견을 가지고 있는 사람이 많다고 해서 나의 옳음이 확정되는 것은 아니다. 다수가 틀리는 경우도 얼마든지 있다. 따라서 동의하는 사람의 수로 진위를 판별하는 것은 신빙성이 없다. 또 단어의 의미를 따져보는 판별법도 있다. 내가 아는 게 옳다는 것을 자각하는 일은 온전히 언어를 활용하고 해석하는 문제이다. 지식의 진위를 판별하는 일은 논리실증주의의 핵심 주제였다. 논리실증주의는 1920~30년대에 빈 학파가 수립한 철학의 한 흐름으로, 버트런드 러셀과 루드비히 비트겐슈타인으로 대변된다. 두 사람은 단어의 의미와 언어 구조를 따져서 진술의 "진위"를 판별했다. 비트겐슈타인은 언어가 없으면 아무것도 할 수 없고, 생각은 언어로 구축되는 실재의 모상picture이라고 주장했다. 그는 현실을 세계에 관한 사실들의 총합으로 보았다. 그래서 신의 존재와 같이 실증할 수 있는 현실 바깥의 것에 대해 말하는 것은 무의미하다고 했다. 그 같은 개념은 세계에 속한 실재가 아니기 때문에 언어로 표현할 수 없으며 그렇기 때문에 머릿속에 그릴 수도 없다.

그리스의 회의주의자들은 지식은 확실치 않다고 주장했다. 즉 절대 확실성에 이를 수 없으며 기껏해야 개연성에 다다를 수 있다는 것이다. 이들이 이것을 두고 사용한 "불가지론acatalepsy"은 어딘가 병명 냄새가 난다.

진리라는 것이 정말 있을까?

앞서 제기한 질문, 즉 우리가 알고 있는 것이 옳은지 그른지 판별하는 과정에서 우리는 "진리truth" 개념과 접촉할 수밖에 없다. 뭔가가 "참true"이 되려면 사실이나 실재에 부합해야 한다. "옳음right"과 "참"은 가깝지만 동의어는 아니다. 어떤 진술은 옳거나 참이거나 혹은 둘 다일 수가 있다. 진술이 참이라면 옳은 것이지만, 진술이 옳다고 해서 반드시 참이 되는 것은 아니다. 나는 내가 달이나 남극, 또는 타슈켄트Tashkent[우즈베키스탄의 수도]에 있지 않다는 것을 입증할 수 있다. 내가 그곳들이 아닌 다른 곳에 있다면, 나는 그곳에 있지 않다고 주장할 수 있다. 이 말장난 같은 진술은 옳기는 하지만 참이 아니다.

어떤 것의 진위를 가릴 때 우리는 "내게 있어서"라는 단서를 달아 반론에 응수한다. 경험은 반론을 허용치 않는다는 말이 있다. 예컨대 "난 머리가 아프다"라는 말에는 아무도 반박할 수 없다. 이것은 주관적인 것, 나아가 진위를 가릴 수 없는 것이 참이 될 수 있는가의 문제이다. 어떤 것이 참이라는 것을 증명은 할 수 없어도 확실히 알수 있는 경우도 있다. 예컨대 이웃집 창문을 깨뜨린 사람은 알아도 그가 깨뜨렸다는 사실을 증명할 도리가 없는 경우가 있다.

· ·

"예수께서 대답하시되 '내가 … 이를 위하여 세상에
왔나니 곧 진리에 대하여 증거하려 함이로다.
무릇 진리에 속한 자는 내 음성을 듣느니라.'
하신대 빌라도가 가로되 '진리가 무엇이냐?' 하더라."
「요한복음」(18:37-38)

· ·

인용문은 예수의 선언이다. 그는 진리를 증거하기 위해 우리에게 왔고 그러기 위해서는 그에 걸맞는 지식과 권위를 갖추어야 한다. 「요한복음」에서 요한은 예수가 진리를 선포했다고 기록하고 있다(14:6). 예수가 증거하려 했던 진리는 무엇인가? 예수의 가르침을 아무리 잘 이해하고 해석해도, 그가 대변한 진리는 절대적이거나 궁극적이며, 영원 속에서 삶의 의미나 목적을 생각하게 한다. 모든 종교에는 절대적인 진리의 증거자가 있고 이 개념은 현실의 상대적인 진리 너머로, 즉 비트겐슈타인이 무의미하다고 생각한 영역으로 우리를 이끈다. 독일의 이론 물리학자 베르너 하이젠베르크는 "순수이성으로는 절대 진리에 이를 수 없다"라고 말했다.

그렇다면 "실재" 세계 너머의 진리에 이르려면 순수이성 말고 다른 어떤 것에 의지해야 하는가? 논리실증주의자들은 인정하지 않겠지만 명상, 직관, 신앙, 깨달음 등을 통해 "위대한" 진리를 얻었다고 말하는 이들이 많다. 종교 전통의 수호자들은 예수가 증거한 내용을 자기 내면에서 찾아야 한다고 충고한다. 선종의 대가 도겐 선사는 물었다. "지금 있는 곳 말고 어디에서 진리를 기대하겠는가?" 프랑스의 작가 귀스타브 플로베르의 말이 차라리 더 속 편할지 모르겠다. "진리는 없다. 지각만이 있을 뿐이다." 혹은 인도의 위대한 스승 슈리 라마나 마하르쉬처럼 "불변하는 진리란 없다. 매 순간에 진리가 있을 뿐"이라는 관점에 편승할 수도 있겠다.

미래를 알 수 있을까?

미래는 먼 옛날부터 사람들을 구슬리고 혼란스럽게 만들었다. 인류는 가까운 또는 먼 미래의 일을 미리 알고 싶어서, 기상천외한 방법들을 만들어왔다. 동물의 내장으로 보는 점, 신탁을 구하고 전조前兆

를 해석하는 일, 타로점, 손금, 해몽, 점성술 등이 그것이다. 이러한 초자연적 비법들을 과학은 당연히 회의의 시선으로 바라봤다. 이렇게 알게 된 미래는 지식보다는 추측에 가깝다.

수학, 양자물리학, 컴퓨터 모델 등 개연성에 바탕한 예측이 미래를 예견하는 합리적인 방법이다. 지진이나 화산 폭발을 예견하는 일은 그래서 가능하다. 나사NASA는 2012년 태양 흑점의 이상징후로 막대한 자연재해를 경고했다. 인구통계학은 인구 증가의 규모와 비율을 기초로 증가세를 예측해서 식량 확보 지침을 만든다. 우리는 환경 관측을 통해 지구온난화 추세를 감지하고 이대로 가면 지구가 위험에 빠질 수도 있다는 것을 알게 되었다. 정치의 세계에서는 선거나 투표의 결과를 예상하기 위해 여론조사라는 흥미로운 통계적 예측을 사용한다. 다국적 기업들이 시장 변화 예측에 사용하는 거대 통계 데이터베이스도 있다.

전파망원경은 지구가 거대한 운석과 충돌할 가능성을 알려주고, 투자자들은 수요와 공급 등의 경제 변수에 대한 예측을 바탕으로 움직인다. 그러나 대부분은 다음 주나 내일 오후의 일을 아는 정도로 만족한다. 다음 경주에서 어느 말이 이길지, 어느 축구팀이 이길지를 아는 것만으로도 만족해할 것이다. 건강이 유지될지, 병이 나을지 예측하는 것이 더 큰 관심사다. 이러한 예측은 전문적인 방법에 기대 어느 정도 정확하게 나오지만 자신이나 가족, 친구들의 먼 미래를 알고 싶어 하는 사람들은 여전히 점성술, 점쟁이, 예언가에 의지한다.

피터 드러커는 "미래를 예견하는 최선의 방법은 미래를 창조하는 것이다"라고 말했다. 이 말은 분명 옳지만 과연 창조하는 일이 지속 가능한 것인가?

우리가 꼭 알아야 할 것은 무엇일까?

이것은 시간, 공간, 상황에 따라 답이 달라지는 물음이다. 또 생존과 관련된 물음이기도 하다. 약 10만 년 전, 인류는 피난처를 만들고 몸을 감싸며 먹이를 사냥하고 불을 피우며 육체의 고통과 질병을 이겨 내는 법을 알 필요가 있었다. 그러나 사회가 고도로 발달하고 전문화되면서 목숨을 부지하는 데 목을 매지 않게 되었다. 이제 육신의 생존에 필요한 지식은 건축업, 식품 생산자와 유통업자, 의료인, 응급 구호와 군대 등의 소관이 됐다. 제3세계에서는 아직도 물리적 생존을 위한 지식이 필요하다. 구호단체의 도움이 있기는 하지만 생존에 발버둥 치고 있는 상황이다. 반면 서구 사회가 골몰하는 지식은 대체로 경제 살리기와 관련된 것이다.

군대에서는 눈앞에 닥친 작업이나 작전에 필요한 지식을 꼭 알아야 할 것으로 가르친다. 하지만 정작 중요한 것은 가르치지 않는다. 모르는 것은 협박으로도 누설할 수 없기 때문이다. 우리의 삶도 비슷하다. 물리적 생존은 타인에게 의존하고 직업 관련 지식만 알면 되기 때문에 정작 중요한 것은 모르고 있는 경우가 많다. 알 필요성은 지식의 빈틈과 관계있다. 나의 우선순위와 가치기준을 형성하는 지식도 그에 못지않게 중요하다. 우리가 일상에서 내리는 결정과 판단의 향방이 여기에서 갈리기 때문이다.

· ·

그녀가 말했다.
"아름다움이 왜 존재하는지 알고 싶어.
왜 자연은 계속 번성하는지, 나무의 생명과
그 아름다움이 무슨 관련이 있는지, 바다나
사나운 폭풍우 그 자체와 거기에서 우리가 느끼는
것과 무슨 상관이 있는지 궁금해.
신이 없다면, 그러니까 이런 현상들이 단일한 은유
체계로 통합되지 않는다면, 왜 그토록 강렬한
상징성을 갖는 것일까?"
앤 라이스(1941~)

· ·

당연히 나 자신도 알아야 한다. 혹자는 내게 말을 거는 신도 알아야 한다고 말한다. 그러나 궁극적인 의미를 알려고 머리를 쥐어짤 필요는 없다. 궁극적 의미에 송두리째 바쳐진 삶만이 의미 있는 것은 아니기 때문이다. 우리가 꼭 알아야 할 것은 뭐니 뭐니 해도 세상이 어떻게 변하는가 하는 것이다. 찰스 다윈은 말했다. "제일 강한 종이 살아남는 것도 제일 지능이 높은 종이 살아남는 것도 아니다. 변화에 제일 잘 적응하는 종이 살아남는다."

위대한 지식은 위대한 지혜이기도 할까?

철학자들에게 지혜는 지식을 잘 사용하는 능력이었다. 어느 문화권에서나 지혜는 의인화되었다. 서양에서 지혜의 여신 "소피아Sophia"는 미술과 시에 등장해서 지혜를 상징한다. 그리스의 소피스트들은 지혜를 전문적으로 가르칠 수 있음을 제시했다. 구약성서에는 "지혜의 책" 여섯 권이 포함되어 있다. 유대계 철학자 필로는 로고스logos라는 용어를 플라톤의 지혜 개념과 유대인의 지혜 개념을 조화시키는 데 사용했으며, 이러한 지혜 개념이 「요한복음」의 서문에도 등장한다. 모든 형태의 기독교와 카발라Kabbalah[유대교의 신비주의]에서 소피아는 신성한 지혜로 신비주의의 핵심이 되어왔다. 불교에서 산스크리트어 반야prajna는 "지혜"를 뜻하는 대승불교의 기본 개념으로, 직관적 깨달음을 말한다. 반야는 개념화를 넘어 실재의 참모습인 공空을 꿰뚫어 보는 통찰의 핵심이다. 반야, 곧 지혜는 깨달음과 동일하며 보리菩提[산스크리트어로 수행자가 도달할 수 있는 참다운 지혜, 깨달음, 앎의 경지]의 징표 가운데 하나다.

　지식과 지혜를 보통은 대립관계로 보지만 의미가 상충되는 것은 아니다. 박식하지만 지혜가 없는 사람은 있으나 지혜로운 사람은 대체로 박식하다. 지식은 배워서 얻지만 지혜는 경험에서 얻는다. 이 둘은 분리할 수 없이 얽혀 있지만 지혜는 별도의 영역이 있다. 헤르만 헤세의 말처럼 "지식은 전달이 가능하지만 지혜는 그렇지 않다. 지혜를 찾고 몸소 겪고 그로 인해 힘을 얻고, 놀라운 일을 해낼 수 있지만 전달하거나 가르칠 수는 없다."

"영원하지 않은 선은 없다. 내면의 행복 외에 다른 행복을 구한다면 결코 행복할 수 없다. 자신을 다스리지 못하면서 위대하거나 강한 사람이 될 수는 없다. 바로 이것이 지혜다."

세네카(BC 3년경~AD 65)

지혜와 지식은 지적 능력과 관계가 있다는 점은 같지만 삶에서의 위치나 역할에서는 긴장관계에 있다. 교육의 측면에서 보면 지식은 무수한 사실들을 흡수해서 기억하는 일이다. 일정 기간 시험과 평가를 거쳐야 하는 학생들에게 대상에 **관해** 알고자 하는 욕구는 필수이다. 우리는 지식을 적용하라고 배운다. 그러나 이것은 어디까지나 지식을 지식에 적용하는 것이지 삶에 적용하는 것과는 거리가 있다. 어떤 사람의 지식을 평가할 때 방대함뿐 아니라 빨리빨리 기억해내는 것도 본다. 수많은 라디오나 TV 퀴즈쇼는 얼마나 많이 알고 있는가를 시험하느라 야단인데 정말 기대 이상이다. 우리는 그저 인간 기억의 방대함과 성 아우구스티누스가 말한 "유한한 것들에 대한 이론적 지식"을 불러내는 속도에 입을 다물지 못한다.

그렇다면 어떤 사람에게서 지식과 지혜를 분간할 수 있을까? 심오한 말이나 현명한 조언을 듣는 경우가 있다. 그런데 그 사람의 말이 항상 지혜롭다는 믿음을 가지려면 학생과 선생, 제자와 스승과 같은 관계에 있어야 한다. 그래야 지혜가 방대한 지식과 경험 위에 형성된 것임을 알 수 있다. 지혜는 이성과 지성뿐 아니라 감성, 의지, 영성과도 관계한다. 그러나 지혜의 토대는 어디까지나 지식이다. 지혜로운 사람만이 지혜의 소리를 듣는다. 월터 리프먼은 말했다. "지혜가 있어야 지혜를 알 수 있다. 듣지 못한다면 음악이 무슨 소용이겠는가?"

2

자아
Self

네 자신에 충실하라. 그리하면 언제 어디서나

남에게 거짓됨이 없으리니.

윌리엄 셰익스피어(1564~1616)의 『햄릿』 중에서

자기 마음을 보게 될 때

두려워하지 않을 자 누구인가?

라이너 마리아 릴케(1875~1926)

나는 누구일까?

이 물음을 대하면, 우선 가계를 떠올리게 된다. 우리는 아버지나 어머니를 닮거나 형제자매와 비슷한 점들이 있는데 이렇게 대대로 내려오는 유전 요인을 당연하게 받아들인다. 하지만 이 질문이 혈통과 유전적 형질에만 국한되는 것일까? "나는 누구"라는 정체성에는 환경, 교육, 인간관계 등이 영향을 미친다.

자아정체성의 문제는 분명 자기 이해와 연결되어 있다. 우리는 자신을 내가 생각하는 나와, 다른 사람들이 생각하는 나로 정의한다. 독일의 목사이자 신학자로 히틀러 정권하에서 반나치스 운동을 펼친 디트리히 본회퍼는 처형을 앞두고 "나는 누구일까?"라는 제목의 시를 썼다. 그는 투옥상태에서도 평화로워 보였다. 간수들을 대할 때도 밝았고 자신의 감정도 잘 다스렸다. 그러나 그의 내면은 자신과 친구들이 처해 있는 운명 때문에 괴로웠다. 그의 시는 우리의 자기 이해가 남들이 이야기하는 "나"인지, 아니면 "내가 아는 나"인지를 묻고 있다. 열정적인 루터주의자인 본회퍼는 "오 하느님, 당신이 아십니다. 제가 누구인지. 저는 당신 것입니다"라고 시를 맺는다.

이름은 우리가 누구인지를 말해주지 않으며 단지 꼬리표에 불과하다. "나는 철수야, 나는 영희야" 따위의 말은 지칭의 편의를 제공할 뿐이다. 직업 또한 그 사람을 설명해줄 뿐이다. 가게주인 혹은 의사라는 사실은 그 사람의 역할을 나타내줄 뿐, 정체를 말해주지는 않는다. 또 일생의 경험을 모두 합해도 내가 누구인지 정의되지 않는다. "나는 누구일까?"라는 질문에 "티베트 불교 신자"라는 답은 당신에 **관해** 알려주는 말이고, "영국에서 교육을 받았다"라는 답과 "독일에 살고 있다"라는 답은 조금 더 덧붙이는 말에 불과하다. 그것은 하나의 이미지에 불과하다.

· ·

"타인을 아는 것은 지혜이고,
자신을 아는 것은 깨달음이다."

노자(약 BC 570~BC 490)

· ·

　"나는 누구일까?" 이 물음에 답하려면 몸과 몸이 처해 있는 환경을 고려해야 한다. 정신 또는 영혼이 이 물음의 열쇠라고 주장하는 사람도 있을 것이다. 결국 우리는 육체와 정신의 이원론에 가닿는다. 데카르트가 제언했듯이 이 둘은 별개의 실체인가, 동전의 양면일까? 영국의 시인이자 성직자 존 던은 『명상록*Meditation*』에서 "섬처럼 완전히 혼자인 사람은 아무도 없다"라는 유명한 말을 남겼다. "나는 누구일까?"라는 물음은 나와 다른 사람과의 관계 속에서만 답할 수 있다. 유대인 신학자 마르틴 부버는 말했다. "태초에 관계가 있었다. 삶은 만남이다."

전생의 나는 다른 사람일까?

이 물음은 힌두교 신자와 불교 신자들에게 삶의 화두이다. 여기에서 일어나는 생각들은 너무나 오래되고 심오해서 잠시 생각해보는 것이 고작이다.

전생이 있고 죽은 후에 다시 태어나는 것은 윤회라고 한다. 불교에서는 태어나고 죽고 다시 태어나는 것을 산스크리트어로 삼사라*samsara*라고 하는데, "여정"을 뜻한다. 이러한 존재의 순환을 끊는 것이 열반*nirvana*이다. 열반은 "소멸" 또는 "깨달음"을 의미하며, 우리를 완전히 다른 존재, 여행의 최종 목적지로 인도한다. 우리를 이 순환 속에 붙들어 놓는 것은 "물"에 대한 집착, 즉 욕심이며 우리가 구하는 것은 물질적이고 무상할 뿐이다. 이것은 우리의 행위에 영향을 미치며 업보를 만든다. 업보*karma*는 "행위"를 의미하지만, 그것은 우리의 행동뿐 아니라 의도와도 관련이 있다. 모든 생각, 행동, 말에는 결과가 따른다. 이 셋은 항상 연쇄반응을 일으킨다. 우리가 업을 쌓고 그 업이 다시 우리를 만든다. 이런 연쇄고리로 쉼 없이 변화가 일어난다. 그렇기 때문에 전생을 알고 싶다면 지금의 나를 보면 된다. 마찬가지로 지금 생각하고 행위하는 것을 보면 미래를 엿볼 수 있다.

이를 현재는 과거에 의해 결정된다는 식의 운명론으로 해석한다면 어리석은 일이다. 업보는 악이나 고통을 설명하려는 것이 아니라, 모든 행동에는 반작용이 있고 우리 삶은 어느 정도 우리 손안에 있음을 말하려는 것이다. 우리가 진화하는 존재라는 사실은 곧 변화의 필연성을 암시한다. 변화를 낳는 것은 바로 이 주체적 선택이다.

자신의 전생을 이야기하는 사람들이 있다. 하지만 대부분은 전생을 믿지 않는다. 환생이라는 흥미로운 발상을 낳은 힌두교와 불교는 전생을 알아내는 방법으로 명상을 제안한다. 마음을 고요히 가라앉히고 집중해서 전생의 기억을 끄집어내는 방법이다.

자아란 무엇일까?

"자아"라고 하면 보통 "나"의 정체성에 대한 자각, 남과 나를 구별해주는 특성 따위를 떠올린다. 그런 의미라면 "나"의 자아는 "나"의 독특함으로 연결된다. 이에 관해서는 따로 다루겠다("나는 옆 사람과 다른가"). "자아란 무엇일까?"는 심리학의 핵심주제이다. 프로이트는 "에고ego"라는 말을 썼다. 그것은 세상의 다른 모든 것과 구별되는 실체로서의 "나"를 뜻한다. 에고는 우리와 외부 세계의 가교인 생각과 행위, 의식, 그리고 이성과 상식 등을 통제한다. 융에게 자아는 원형, 즉 우리가 가지고 태어나는 사고 패턴, 인류의 집단적 경험 중 하나이다. 자아라는 원형은 의식과 무의식이 응축되어 있는 것으로 융이 말한 "개별화individuation" 과정을 거쳐 우리에게 인지된다. "개별화"란 모든 면면이 하나의 전체로 통일되는 것, 또는 오스트리아의 정신의학자이며 심리학자 알프레드 아들러가 말한 "나눌 수 없는 개인"이다. 융에게 자아란 모든 것을 통제하는 영혼이다.

. . . .

사람들은 우주를 이해할 수 있지만
자아를 이해할 수는 없을 것이다.
자아는 어느 별보다도 멀리 있다.

체스터턴(1874~1936)

. . . .

　　철학자들도 이 문제를 천착했다. 플라톤은 자아를 영혼으로, 데카르트는 그 유명한 "나는 생각한다, 고로 존재한다"에서의 "나"로 보았다. 즉 자아는 경험을 행하는 주체인 것이다. 그러나 데이비드 흄은 경험이란 단편적인 "인지작용"에 불과하며, 자의식도 그 중 하나라고 보았다. 임마누엘 칸트도 항상적인 자아가 있어서 경험을 주관한다고 주장했다. 경험을 행하는 "무언가"가 있기 때문에 자아 개념을 인정할 수밖에 없다는 것이다. 경험의 과정에서 자아는 다채로운 물리적 현상에 민감하게 반응한다. 자아는 현상적인 세계에 자신만의 해석을 내리는데, 그 해석은 다른 "자아들"의 것들과 부분적으로 같을 수도 있고 확연히 다를 수도 있다. 감지하고 상상하고 기억하고 생각하는 가운데 자아는 자기만의 정신적 역사를 만들어간다. 이탈리아의 극작가로 로마에서 법관을 지낸 우고 베티는 "내가 '나'라고 말할 때 그것은 다른 무엇과도 혼동되지 않는, 완전히 독특한 어떤 것을 의미한다"라고 했다. 우리의 의식 중심에는 "자아"라고 말할 만한 불변의 지점이 있는 것 같다. 경험하는 주체, 즉 끊임없는 변화에 반응하고 그것을 소화하는 무언가가 불변의 실체가 아니라면 무엇일 수 있을까?

나는 내가 존재한다는 사실을 생각하고 말하는 것으로 "나"를 안다. 기준을 무엇으로 잡든 나는 "내가 있음"을 확신할 수 있다. 이러한 "나"는 자존감의 주체이며, 자기 이미지가 있고, 자신은 자유롭고 자주적인 존재라고 생각하고 싶어 한다. 나 자신을 의식하며, "나 자신"이 무엇을 생각하고 행하는지 알고 있다. 우리는 실제로 자신을 의식하고, 자기를 회의하며, 자존감을 느낀다. 문제는 자아가 무엇이냐고 묻는 순간부터 시작된다. 자아는 어떤 방법으로 접근해도 여간해서 잡히지 않기 때문이다.

나의 자아는 몇 개나 될까?

자기 안에 있는 분리된 인격들 때문에 고통받는 다중인격장애를 말하려는 것이 아니다. 우리가 보통 "나"는 하나지만 여러 양태로 존재한다는 느낌을 받곤 하는데, 그것을 다루려는 것이다. "그때는 내가 아니었어", "내가 그렇게 행동했다니 믿어지지 않아"라고 말할 때가 있다. 공적 자아와 사적 자아는 매우 다르다. 나는 나 자신이 어떤 사회적 환경에 처해 있는지에 따라 달라지는 것을 안다. 사람이 바뀌면 내가 내보이는 자아도 달라진다. 미국의 사회학자 찰스 호튼 쿨리는 거울자아라는 개념을 썼다. 즉 타인이 나를 보는 시선에 맞추어 나 자신을 만들어간다는 것이다. 이는 "타인이 나를 보는 그대로 내가 나 자신을 바라본다"라는 뜻이 아니라 다른 사람들이 생각하는 나 자신이 **되어간다**는 것을 말한다. 우리는 늘 이렇게 행동한다. 이렇게 부단히 타인의 시선에 나를 순응하다 보면 나의 자아는 엄청나게 불어난다.

이러한 순응은 대체로 의식적이다. 순응을 요구하는 사회적 압력과 고유한 개인이고자 하는 자신의 내적 압력 때문에 편차가 생긴다. 이것 자체가 문제 될 것은 없다. 문제는 나이기를 포기하는 과정에서 나와 나를 아는 사람들 모두 나 본연의 모습을 놓칠 때 발생한다. 사람들은 나를 성격과 개성이 다면적인 특별한 개인으로 알고 있다. 내가 교유하는 사회가 늘 다르고, 그 속에서 나는 다른 사람들이 알고 있는 내가 되려고 노력하고, 다른 사람들의 기대에 부응하려고 한다. 결국 내가 하는 일은 나를 만드는 일이다. 개인 영역, 사회, 직업 등 역할이 바뀌고 그때마다 우리의 욕망, 욕구, 야망, 그리고 장점과 단점도 달라진다.

"그 사람에게는 그를 아는 사람들의
수만큼의 사회적 자아가 있다."

윌리엄 제임스(1842~1910)

나 자신에게 보여주는 자아도 때마다 다르다. 슬플 때 자아는 고통을 완화하기 위해 초연해진다. 수치를 느끼거나 상처를 받았을 때, 자아는 문제를 객관적으로 직면할 수 있을 때까지 내면으로 숨는다. 행복하거나 칭찬받거나 놀랐을 때의 자아는 또 다르다. 우리는 살아가며 만화경과 같은 경험을 하고 감정을 느낀다. 그때마다 자신만만한 자아, 의심하는 자아, 이성적 또는 직관적 자아 등 나의 다양한 자아들 가운데 하나가 나선다. 물론 이들은 한사람이며 내 **본연의** 자아의 여러 측면이다. 우리는 자아마다 다른 역할을 하는데, 이것이 끊임없는 변화에 맞추는 최선의 방법임을 경험으로 깨달았기 때문이다. 잠재력은 조금 더 복잡한 문제이다. 사람들에게는 여러 개의 재능이 있다. 그 중 몇 가지만 선택하기 때문에 가능성의 전모를 알 수 없다. 한 사람이 몇 개의 직업을 성공적으로 가질 수 있다. 그때마다 직업별로 만들어지는 "자아"는 서로 다르다. 선택을 거쳐 두각을 드러내는 자아가 만들어지고 그 밖의 자아들은 잠깐씩 무대에 오를 뿐이다. 행복해지려면 핵심적 자아, 혹은 진정한 자아를 최대한 펼쳐줄 길을 선택해야 한다. 스위스의 정신병리학자이며 임사 연구의 창시자인 엘리자베스 퀴블러-로스는 "내적 자아"에 우선순위를 두었다. "당신이 걱정해야 할 것은 육체의 죽음이 아니다. 살아 있는 한 우리의 관심사는 당연히 삶이어야 한다. 삶이란 바깥에서 보는 외형과, 그로 인한 영적인 죽음에서 당신의 내적 자아를 해방하는 것이다."

나는 나를 알 수 있을까?

자아를 정의 내리기는 어렵지만, "나를 아는 것"은 다른 지식으로 가는 열쇠, 즉 모든 논의의 중심으로 여겨진다. 그러나 완전히 다른 관점도 있다. 불교에서는 "나", "나를 아는 것"을 전혀 다르게 본다. 즉 나에 대한 나의 인식은 환영이라고 설파한다. 반면 성경에서 "나"는 매우 뚜렷하게 존재한다. 이 존재는 너무 막강해서 신과의 사이에 장벽이 되므로 신과 조우하려면 "나"를 버려야 한다. 이 양극 사이에 "참 나"의 깨달음으로 이끌고자 하는 수많은 종교들이 있다. 이 "참 나"는 인상, 관념, 가정, 추론, 철학, 혐오, 애호, 차별 등의 조건에 겹겹이 싸여 좀처럼 드러나지 않는다. 참 자아를 발견하는 일은 실존주의 심리학자들의 용어로 "자기실현"이라 하며, 양파의 껍질을 벗기는 일과 같고, 겉칠을 벗겨 본래의 색을 드러내는 일과도 같다. 참 자아를 발견하는 것은 재능과 잠재력 계발에 필수적이다. 자기 이미지는 삶을 살아가는 데 엄청난 영향을 미친다. 그런데 내가 보는 "나"의 이미지와 남이 보는 "나"의 이미지는 크게 다를 수 있다.

. . . .

"열정을 한껏 펼치되 그것이 가져올 결과를
충분히 생각하는 사람만이 자신을 아는 경지에
도달할 수 있다."

벤저민 디즈레일리(1804~1881)

. . . .

일상에서도 자신을 아는 것이 필요하다. 어떻게 보면 우리가 배우는 것도 다 자신을 알아가는 과정이다. 미국의 사상가이자 시인 랄프 월도 에머슨은 "어디를 가든지, 무엇을 하든지, 우리가 탐구하는 궁극적 주제는 오직 자아이다"라고 썼다. "나"를 알아가는 유일한 통로는 새로운 경험이다. 그러한 여정을 영국의 시인 알프레드 테니슨은 "아무도 가본 적 없는 세계"로 향하는 것이라고 말했고, 미국의 소설가 헨리 밀러는 "성장이란 모름지기 무모함이다. 기왕의 경험에 기대지 않고 냅다 즉흥적으로 행동하는 것"이라고 했다.

내가 나를 변화시킬 수 있을까?

"참 자아"는 좀처럼 변하지 않는다. 우파니샤드 철학에서 참 자아는 아트만atman, 즉 변화하지 않는 자기 본질이며 경험과 순응의 지층 아래에 숨어 있다. 일시적인 것이든 영원한 것이든 자신 안에 변화하지 않는 무엇이 있다는 사실은 위안이 된다. 그러나 세상과 대면하는 자아는 끊임없는 변화에 내맡겨져 있다. "사물은 변화하기 마련"이라고 독일의 극작가 베르톨트 브레히트는 말했다. 변화는 계획된 필연처럼 보인다. 나, 타인, 지구, 팽창하는 우주 등 모든 것은 쉼 없이 변화한다. 우리가 변화를 도모하기도 하지만, 통제할 수 없는 요인이 우리를 변화시키기도 한다. 또 피할 수 없는 변화 앞에서 변화를 주저하는 자신을 자각하는 때도 있다.

태어났을 때의 "나"와 지금의 "나"는 동일한가? 미국의 시인 에 즈라 파운드는 "같은 사람이라도 열여덟 살에 좋아했던 책을 마흔 여덟 살에도 좋아하라는 법은 없다"라고 말했다. 실제로 나 자신이 변했어도 내가 갖고 있는 자기 이미지는 잘 변하지 않는다. 정치 노 선이나 종교를 바꾸는 것 같은 급진적 변화나, 가까운 친척의 죽음, 이혼, 이민 같은 신상의 변화가 있어도 내가 "나"에 대해 갖고 있는 이미지는 여간해서 변하지 않는다.

• •

다른 내가 되고자 한다면
지금의 나에 불만을 품어야 한다.
자신에 만족하면 그 자리에 머물기 마련.
부단히 더하고, 걷고, 나아갈지어다.

성 아우구스티누스(AD 354~AD 430)

• •

성격에 오는 변화는 좀 더 미묘해서 가까운 친구나 가족들만 서 서히 눈치챌 수 있다. 이러한 변화도 자기 이미지를 바꾸어놓는다. 위에 말한 일신상의 변화도 성격 변화를 가져올 수 있다. 심리학자 와 사회학자들은 범죄 성향이나 알코올 중독 등에 취약한 성격을 스 스로 고칠 수 있을까를 오래전부터 연구해왔다. 개성을 바꾸려면 대 개 전문가의 도움이 필요하다. 그에 비해 태도를 바꾸는 일, 예컨대 조급하다거나 늘상 트집을 잡는다거나 융통성이 없다거나 하는 것은 바꾸고자 하는 **욕망**desire과 의지의 문제이다. 어떤 변화도 그냥 오지 않는다. 영국의 가톨릭 신학자이자 추기경 존 헨리 뉴먼의 말대로 "성장은 삶의 유일한 증거"이지만 성장에는 고통이 따른다.

프랑스의 작가이자 평론가 아나톨 프랑스는 인생이란 탄생과 죽음이 연이어 일어나는 과정이라고 생각했다. "변화는 아무리 원하던 것이라도 멜랑콜리한 측면이 있다. 나의 어떤 부분을 떠나보내야 하기 때문이다. 하나가 죽어야 다른 것이 도래하는 것이다."

다른 사람과 나는 어떻게 다를까?

사람마다 DNA가 다르다는 것을 누구나 안다. 닮은 꼴인 쌍둥이나 가족이면 모르지만, 인간의 생김새는 제각각이다. 성격, 개성, 기질은 더 다양해서 타인과의 변별점이 된다. 우리는 "나는 나로 살아"라고 생각하는 경향이 있고, 또 어릴 때부터 그런 식의 교육을 받고 자란다. 그러나 이런저런 제약 때문에 자기를 드러내지 못하고 "자기 자신 되기"에 실패하기 일쑤다. 무리 중에 두드러지는 경우도 있지만, 특별함은 가족이나 친구같이 친밀한 관계에서나 잠깐씩 비칠 뿐이다. 관습과 법은 순응을 요구하고 젊은이들은 대부분 또래집단에 들어가기를 원한다. 또래집단은 개인을 삼켜버리기도 하고, 또 개인이 튀도록 내버려 두기도 한다.

미국의 가수이자 배우인 베트 미들러는 "자신의 특별한 점을 절대 놓치지 말 것! 그렇지 않으면 정말 지루한 사람이 되니까!"라고 충고했다. 외모 말고 무엇으로 다른 사람과 나를 구별할 수 있을까? 매력, 유머 감각, 미적 취향과 같이 가변적인 주관적 성향은 제외해야 할 것이다. 지능, 인지능력, 창의력, 기질, 내향성 혹은 외향성 등도 나와 남을 변별하는 속성이다. 이러한 속성들이 모두 "고정불변"은 아니다. 심지어 성년기 이후에도 변한다. 예컨대 인지능력이나 창의력은 어떤 조건에 있는가에 따라 달라진다. 어느 한 가지 속성이 개인의 특별함이 되는 일은 없다. 이러한 속성들이 조합되어 개성을 이루는 것이다.

내가 남들과 얼마나 다른지 잘라 말하기는 어렵다. 이 지점은 "타고나는가 길러지는가"의 끝나지 않는 논쟁으로 되돌아간다. 진일보한 유전학과 뇌 과학은 본성에 손을 들어준다. 우리는 달라서 같다는 말이 있다. 그러나 너무 달라서 고민인 사람들도 있다. 반면 어떻게든 개성을 드러내려는 사람들은 또 사회를 장애물로 여긴다. 영국의 소설가이자 시인 러디어드 키플링은 "역사 속에서 개인은 늘 집단에 잠식당하지 않으려 발버둥 쳐왔다. 그만큼 자기 자신이 되는 과정은 매우 험난하다. 그 여정은 외롭고 두렵다. 그렇지만 자기 자신이 되는 특권을 위해서라면 어떤 대가도 아깝지 않다"라고 말했다.

자기주장을 하는 것은 나쁜 일일까?

자기주장하면 보통 자신의 이익, 의견, 요구를 공격적으로 개진해서 자신이 남보다 낫거나 옳다고 이야기하는 행위를 떠올린다. 자신의 권리를 위협하거나 도리에 맞지 않다고 생각되는 일에 맞서 자신의 권리와 생각을 주장하는 경우는 그래도 긍정적이다. 엉뚱한 이유로 자기 일이나 생각을 펼치지 못할 때 자기주장이 효과를 발휘한다. 개인적인 감정이 개입되는 일에서는 무엇을 하는가보다는 어떻게 하는가가 정당성을 확보하는 열쇠가 된다. 이 경우 나와 상대의 균형은 아주 중요하다. 개인의 자유를 옹호한 정치철학자 존 스튜어트 밀은 그러한 긴장 관계의 양극단을 이야기했다. "이교도의 자기주장도 인간의 면모이며 기독교인의 자기부정도 인간의 면모이다."

"천부인권이란 … 자기 본성, 즉 자기 나름의 삶에
자기 힘을 투여할 자유를 말한다."

토머스 홉스(1588~1679)

지그문트 프로이트는 정신을 이드id, 에고ego, 슈퍼에고superego로 나누었다. 이드는 "본능적 에너지로 가득 찬 … 어둡고 불가해한 부분이다… 에고는 이성이나 상식에 해당하는 부분이며" 슈퍼에고는 "나쁜 행실을 죄책감으로 벌하는 양심"이라고 했다. 여기서 우리의 관심사는 에고이다. 에고는 이드에 실려가는 부분인데, 프로이트의 이미지를 빌리면 이드는 길들여지지 않은 말과 같으며 그 원동력은 이드가 아닌 다른 곳에서 온다. 프로이트는 에고를 의식을 담고 있는 정신의 부분으로 간주했지만, 오늘날 에고라는 말은 여러 의미로 쓰인다. 철학에서 에고는 "나"로 경험되는 것이다. 즉 몸의 동의어도 마음의 동의어도 아니며, 나의 자세를 몸, 마음, 물질계, 사회로 **향하게 하는** 능력과 동일시된다. 따라서 "나"는 정체성과 개성을 응집해서 나침반처럼 늘 한 방향을 가리켜 과거, 현재, 미래로 이어지는 우리 삶의 여정에서 자기 자리를 찾게 해준다. "나"를 의식적으로 강화하는 자기주장이 에고와 연결되면 자존감으로 이어지고, 자기 가치를 부풀려서 생각하게 된다. 한마디로 자기주장은 에고이즘의 한 표현이다.

영화감독 구로사와 아키라는 이기주의와 이타주의를 정확하게 구분했다. "일본인들은 자기주장을 부도덕한 길로 보고, 자기희생을 분별 있는 길로 본다." 이기심은 부도덕함과 아주 밀접하다. 그 이기심은 알게 모르게 자기주장의 형태를 띠기 마련이다. 아일랜드의 시인, 소설가, 극작가이자 평론가 오스카 와일드는 예의 간결한 어투로 "내가 원하는 대로 사는 것이 이기심이 아니다. 다른 사람에게 내 방식대로 살라고 요구하는 것이 이기심"이라고 했다. 그러나 때론 생존을 위해 합리적인 이기심이 필요하다. 바빌로니아 태생의 랍비 힐렐은 이렇게 말했다. "내가 나 자신을 위하지 않는다면 누가 나를 위해줄까? 그러나 내가 나 자신만을 위한다면 나는 누구일까?"

THOMAS KUHN

ANAXIMANDROS

SOCRATES

PLATO

LUDWIG WITTGENSTEIN

JOHN LOCKE

KARL POPPER

DAVID HUME

BARUCH DE SPINOZA

FRANCIS BACON

PYTHAGORAS

ARISTOTELES

SOCRATES

PLATO

LUDWIG WITTGENSTEIN

JOHN LOCKE

KARL POPPER

3
—

우주
Cosmos

인간과 우주는 하나이다.
우주는 광대하며 개인은 우주의 고요한 부분들이다.
태양은 거대한 심장, 그 떨림은 우리의 말초 혈관에까지
이른다. 달은 우주의 빛나는 신경중추,
우리의 영원한 떨림은 거기서 온다.

D.H. 로렌스(1885~1930)

우주는 시간 속에서 시작되었을까?

우주의 기원에 대해서는 천체물리학 이론들이 나오기 오래전부터 철학자와 신학자들의 노력이 있었다. 그 가운데 창세기처럼 창조의 신비를 이야기하는 종교적 설명이 대표적이다. 창조주인 신은 인과율을 적용하면 "제1원인"이 된다. 그리스 철학자들은 대체로 신의 개입을 전제하는 우주론에 의혹을 품었기 때문에 창조라는 개념을 피했다. 우주와 인류는 항상 있어왔으며 앞으로도 그럴 것이라고 그들은 믿었다. 철학자 임마누엘 칸트에게 시간과 공간은 개념 또는 정신이 만든 산물이다. 우리는 시간과 공간을 아는 것이 아니라 직관하고, 직관은 경험으로 확인된다는 것이다. 칸트의 표현을 빌리면 시간과 공간 개념을 사용해서 "외부에서 오는 감각 자료들을 조합" 한다는 것이다. 칸트는 "시간과 공간의 절대적 실재를 주장하는 사람들은 결국 경험의 원칙과 충돌할 수밖에 없다"라고 말한다. 칸트는 그 이유로 시간과 공간이 "정신에 이미 내재하고 있는 합리적인 직관의 형태들"임을 꼽았으며, 시간과 공간이 지식을 얻고 정리하는 맥락을 구성하기 때문이라고 했다. 우주가 시간 안에서 생겨난 것이 아니라면 이러한 것이 불가능해진다.

우주의 시작이 시간의 좌표 안에 있다면, 하필 특정한 순간이어야 할 이유는 설명되지 않는다. 성서로 돌아가보자. 성 아우구스티누스는 창세기에 나오는 6일 동안의 창조를 문자 그대로 해석하지 않고 『시라크*Sirach*』18장 1절에서 "신은 단번에 모든 것을 창조했다"

라고 하나로 뭉뚱그려 적고 시간도 창조된 "모든 것"에 포함시켰다.

미국의 천체물리학자 에드윈 허블이 도플러 효과에서 다른 은하계의 존재를 추론해낸 이후, 우주 탄생과 시간의 문제는 신학과 철학자의 영역에서 천체물리학의 영역으로 넘어갔다. 우리는 더 이상 시간을 스스로 존재하는 하나의 차원으로 생각할 수 없게 되었다. 그렇게 생각한다 하더라도 우주가 연속되는 시간의 선상에서 태어났다고는 생각할 수 없을 것이다. 이는 어떤 시점에서 우주가 존재하기 시작했다고 말할 수 없음을 의미한다. 시간은 우주 자체로부터 독립하여 존재할 수 없거니와, 현대의 천체물리학 이론들도 "시간"이라고 생각하는 것이 "빅뱅"과 더불어 존재하기 시작했다고 말한다. 영국의 천문학자이자 공상과학 소설가 프레드 호일은 빅뱅이라는 말을 고안해 자신이 내놓은 대안적 정상우주론(혹은 무한우주론)과 거리를 두었다. "빅뱅"은 그 이름과 달리 거대한 폭발이 아니라 하나의 과정인데, 이에 관해서는 조금 뒤에 다루겠다.

시간과 공간은 사실상 분리할 수 없다. 독일의 물리학자 알베르트 아인슈타인은 "시공간" 개념으로 시간과 공간의 상호의존성을 제시했다. 즉 시공간 차원 안에서 우주는 시작되었다는 것이다. 우주가 어떻게 시작되었고 어떻게 존속해나갈지에 대한 논란은 우주처럼 계속될 것이다.

우주는 무한할까?

우주는 고정불변이라고 단순하게 생각하던 때가 있었다. 즉 모형처럼 고정된 구조물이라 믿었던 것이다. 이러한 관점에는 고정불변의 우주가 영원하다는 생각도 들어 있다. 이것은 우주가 어느 시점에서 창조되었고, 공간적 차원과 시간적 차원에서 영원하다고 말하는 창조론과 모순되지 않는다. 신은 오래전부터 있어온 우주를 일종의 마술로 창조했다.

"우주는 하나이고 무한하며 움직이지 않는다.
이해할 수 없으므로 끝이 없으며,
그만큼 무한하고 규정할 수 없으며,
따라서 불변이다."

조르다노 브루노(1548~1600)

빅뱅 이론은 특정 시점에 우주가 생성되었다고 주장한다. 이 이론은 사도 요한의 말처럼 "어느 하나도" 신이 창조하지 않은 것이 없다고 믿는 사람들 사이에 늘 인기가 있었다. 빅뱅 이론이 창세기에 나오는 6일 동안의 창조와는 모순되지만, 창조를 주도한 "무엇"을 상정하기 때문이다. 반면에 1948년 프레드 호일과 몇몇 학자들이 내놓은 무한우주론은 우주는 항상 있어왔으며 그 공간과 시간은 무한하다고 주장한다. 우주는 영원하다는 얘기다. 이 이론은 빅뱅 이론에 어느 정도 동의하면서 은하계들이 서로 멀어지고 그 사이의 공간이 확장되면서 물질이 지속적으로 "만들어지고" 거기에서 새 은하계가 형성된다고 말한다. 우주에는 시작점이 없다는 점에서 누구의 창조물이 아니라 우주가 스스로 존재하는 것이라는 얘기다. 에너지 보존에 관한 열역학 제1법칙과 상통하는 이러한 생각은 "물질과 물질의 운동은 새로 생기지도 없어지지도 않는다"라고 주장한다. 그러나 스티븐 호킹과 로저 펜로즈가 호일의 이론이 오류임을 밝히면서 빅뱅 이론이 우주론의 기준이 되었다. 아노 펜지어스[1978년 우주배경복사CMBR의 등방성을 발견한 공로로 노벨상 수상]와 로버트 윌슨은 우주배경복사파를 발견해서 호일의 우주관이 오류라는 것을 밝혔다. 이들은 전파망원경 관측으로 별들 사이의 공간에는 암흑이 아니라 균일한 반짝임이 있고, 그것은 전파 스펙트럼 속에서 더욱더 강력하게 나타난다는 사실을 알았다. "반짝임"은 있되 현재 광원은 없다. 이 빛은 우주가 초기에 팽창했다가 냉각되었다는 증거로서 빅뱅 이론과 이차적인 우주팽창 이론을 확증하고 있다. 호킹은 최근 **무한수**의 우주론에 길을 터줄 M-이론을 지지하고 있다. 그는 "양자 파동은 아무것도 없는 상태에서 작은 우주들을 산출한다. 그 우주들은 대부분 소멸하지만 임계 크기에 도달한 소수의 우주는 팽창하여 은하계와 별, 우리 같은 존재를 만들 것"이라고 했다.

이렇게 해서 우리는 드디어 과학의 영역에 발 들여놓게 된다. 이곳은 마치 거울방 같아서 문외한들은 길을 잃기 십상이다. 이제 경험계라기보다는 추상적 사고를 대하는 느낌이 들 지경이다. 어쨌든 인문학적 지성의 한계를 넘는 것은 곤란하다. 가없는 우주를 구체적으로 그려볼 수 없는 우리로서는 상식을 들이댈 수밖에 없다. 광대한 하늘을 육안으로 보거나 쌍안경이나 망원경을 들여다보는 것이다.

그러나 현대의 천체물리학은 의외로 우주가 유한하다는 생각으로 기울고 있다. 그래서 우주 공간은 무한하지도 않고 그렇다고 경계가 있는 것도 아니고 아인슈타인의 생각대로 굽어 있다는 역설이 만들어진다. "일반 상대성과 양자역학의 불확실성 원리를 결합하면 시간과 공간은 경계나 끝이 없어도 유한할 수 있다"라는 호킹의 결론은 적이 당혹스럽다.

우리 보통 사람들은 땅에 두 발을 딛고 서서 난제를 생각해야 한다. 유한하든 무한하든 우주는 공간 속에 존재한다. 한량 없는 광막함으로밖에 상상할 수 없는 우주는 우리가 상상하는 만큼 뻗어나가지만 우리 코앞에서 시작된다. 프레드 호일의 말대로 "공간은 멀리 있지 않다. 차로 곧장 수직으로 달리면 단 한 시간 거리이다."

시간에 시작과 끝이 있을까?

빅뱅이 일어나기 전, 우주 속의 모든 물질은 무한 밀도와 온도의 "특이점singularity" 상태로 한 장소에서 있었을 것이다. "빅뱅"은 말에서 연상되는 폭발이 아니라 특이점의 팽창이었다. "빅뱅"은 어쨌든 팽창의 동인이었다. 이 과정을 통해 그 이전의 무한 밀도와 무한소의 부피가 지금의 우주로 재편되었고, 시간과 공간이 비로소 시작되었다. 빅뱅 이전에는 중력이나 열역학 같은 물리학 법칙들이 성립하지 않다가 일단 빅뱅이 시작되자 모든 물리학 법칙들이 작동하기 시작했다. 열역학 제2법칙은 소멸과 관계된다. 이 과정이 시간과 더불어 가속화되다 우주는 어느 날 소멸하고 시간도 끝나는 것이다.

스티븐 호킹은 『시간의 역사 *A Brief History of Time*』에서 "시간의 세 화살" 이론을 제안했다. 덕분에 우리는 시간이 무엇인지, 또 어떻게 작용하는지 조금 더 이해하게 되었다. 또 시간을 정신이 구축한 것으로 보는 과정에서 물리학 법칙, 심리학, 우주론을 결합한 개념으로 옮겨가는 계기가 되었다. 첫 번째 화살의 방향은 무질서와 엔트로피entropy[시스템 내 정보의 불확실성 정도를 나타내는 용어] 속에서 속도가 증가한다는 열역학 제2법칙에 따라서 결정된다. 두 번째 화살은 시간의 흐름에 대한 우리의 느낌이나 감각, 현재의 인식, 과거의 기억 따위의 시간의 심리학적 화살이다. 세 번째 화살은 시간의 우주론적 화살로, 우주가 확장되는 방향에 따라서 결정된다. 세 화살이 동일한 방향을 가리킬 때에만 질문을 할 정도의 지능을 가진 생명체가 나올 수 있다. 그러나 호킹은 양자 이론이 "가상 시간이라는 새로운 관념을 소개한다"면서 공상과학소설 같지만 "그럼에도 그것은 순수과학의 개념"이라고 말한다. 시간을 선으로 그려본다면 과거는 왼쪽, 미래는 오른쪽이 되지만, 가상 시간은 수직 방향이다. "가상"

시간인 까닭은 "우리가 보통 경험하는 종류의 시간이 아니기 때문이다. 그러나 가상 시간은 어떤 면에서 실제 시간이라고 하는 것만큼이나 실재하는 시간이다." 따라서 시간은 세 화살의 방향과 가상 시간의 방향으로 정의된다. 이 네 종류의 시간이 다 물리적 우주 속에 내포되어 있으므로 시작도 있고 끝도 있다.

서양이 선형 시간 개념에 매달렸다면 마야인은 시간을 원으로 생각했다. 천체들이 궤도를 돌아 원점에 돌아오는 데 걸리는 기간, 예컨대 달의 순환주기인 한 달, 지구와 별들이 특정한 배열상태로 돌아오는 26,000년의 기간이 그 기준이 된다. 자연의 패턴을 보면 이러한 개념이 맞는 듯 보인다. 그러나 절기 따위의 반복이 역사의 반복을 의미하는지는 의문으로 남는다. 영국 낭만파 시인 퍼시 비시 셸리는 그렇다고 믿었다. "역사란 시간이 인간의 기억 위에 써내려간 순환의 시詩이다." 스티븐 호킹은 시간에는 시작이 있고 끝도 있다고 장담한다. "이 강의의 결론은 우주의 나이가 무한이 아니라는 것이다. 우주와 시간은 150억 년 전의 빅뱅에서 시작되었다." 그리고 호킹은 "우주의 종말이 온다고 하더라도 그것은 최소한 200억 년 후에나 있을 일이다"라고 덧붙였다. 호킹은 우주의 시작을 133~139억 년 전으로 산출한다.

지구에 미래가 있을까?

우주의 나이로 추정하는 최소 200억 년은 가늠조차 하기 힘든 시간이다. 종말은 결국 붕괴인데 그 양상은 알 수 없다. 태양이 지탱해온 우리 태양계의 잠재적 수명에 대해서도 알려진 바 없다. 우주가 소멸하기 전에 그 전조로 태양계가 먼저 소멸할 수도 있다.

· ·

멸망을 바라지 않는다면 구태를 버리고 지구를
만들어나가야 한다.
과학의 시각으로 볼수록, 전체를 생각하지 않으면
생물학적 미래는 더욱 암담하다.

피에르 테야르 드 샤르댕(1881~1955)

· ·

우주의 나이가 133~139억 년 사이인 것에 비해 태양의 나이는 불과 45억 7천만 년이다. 태양은 주계열 진화의 절반을 지나왔고 앞으로 100억 년 더 유지될 것으로 추산한다. 그러나 약 50억 년 후 적색거성기에 진입하면 지구가 태양에 먹힐 수도 있다. 그러나 10억 년이 지나면 지구 표면이 너무 뜨거워져서 물이 사라질지도 모른다.

우주의 존속보다 인류의 생존이 문제라면 생태학과 인구 증가 계획에 눈을 돌려야 한다. 향후 지구상의 생태계는 급격한 변화에 직면할 것이다. 멸종하는 동식물이 많아지고 극한의 기상이변이 증가하고 주거와 식량 문제가 절박해질 것이다. 또한 태양폭풍, 소행성 충돌, 유럽의 입자가속기 관련 사고, 초대형 화산폭발, 지구 자기장의 변화 등이 지구를 위협할 것이라는 예측도 있다.

나사, 아일랜드의 아마 관측소, 카디프 대학교 우주생물학 센터와 같은 기관들은 이 같은 위험요인들을 계속 주시하고 있다. 그러한 일들이 언제 일어날지 아무도 모른다. 영국 작가 더글러스 애덤스의 시나리오는 보다 현실적이고 사려 깊다. "우리가 세계를 구할 필요는 없다. 세계는 스스로 돌볼 수 있을 만큼 크다. 우리가 걱정해야 할 것은 우리가 살고 있는 이 세계가 우리를 견딜 수 있느냐 하는 것이다."

우주의 주인은 누구일까?

2007년 4월 BBC 2의 프로그램 〈호리이즌〉은 "1967 유엔우주조약"의 허점을 이용한 네바다의 기업가 데니스 호프의 이야기를 전했다. 그는 지구의 위성인 달과 일곱 개 행성, 거기에 딸린 위성들의 소유권을 주장했다. 호프는 이것들은 "주인 없는 땅이다. 우리는 선조들이 유럽 대륙에서 신대륙으로 건너가서 했던 일을 우리가 하려는 것"이라고 주장했다. 그는 기업들, 할리우드 스타, 호텔 체인을 비롯해 전직 미국 대통령 세 명에게 달에 있는 땅을 팔아 2007년까지 900만 달러를 모았다. 중국과 러시아도 우주에 대한 재산권 주장을 고려하고 있는 것으로 알려졌다. 달 표면에서 청정에너지 원료인 헬륨을 채취해서 막대한 이익을 얻으려는 포석이다.

돈을 받고 별을 팔거나 "구입"한 별에 이름을 붙일 수 있게 해주는 인터넷 사이트가 많다. 이것은 사기이다. 별의 명명에 관한 국제천문관협회IPS의 지침은 분명하다. "과학자들이 사용하는 별의 명칭은 신뢰할 수 있는 과학 기관에서 천문학자들이 공표한 것이다. 국제천문학연합회IAU는 그런 명칭들만을 인정하고 사용한다. 그 명칭들은 결코 판매 대상이 될 수 없다."

연구 목적으로만 거주를 허가하는 북극과 남극의 경우와 유사한 국제 협약이 있어야 한다. 천체 부동산 이야기는 이만하고 우주의 주인은 누구일까를 생각해 보자.

사람들은 옛날부터 전쟁의 신은 마르스(화성), 사랑의 여신은 비너스(금성)라는 식으로 우주를 신들의 관장영역으로 생각해왔다. 할리우드가 스타들의 공간이듯 천공은 신의 거처였다. 유대교는 만유를 유일신의 창조물로 여겼고 기독교와 회교도 우주를 창조론 관점으로 본다. 그러면 우주의 주인은 당연히 창조주 신이 된다. 힌두교와 불교는 우주의 주인이 누구인지 문제 삼지 않는다. 그 이유는 첫째, 모든 현상들은 마음이 짓는 것이며, 둘째, 억겁의 시간이 흐르면 우주는 소멸하고 다시 변전한다고 믿었기 때문이다. 우리가 고민해온 문제들은 붓다가 침묵했던 답 없는 질문 열네 가지에 들어 있다. 붓다는 그런 상념들이 "흥분, 불안, 미혹, 고통"을 일으킨다고 가르쳤다. 우리 시대의 우주론에 대해서 붓다의 입장에 동의하는 이들이 있을 것이다. 붓다라면 현재 우주에 대한 논란도 쓸데없는 상념 목록에 추가할 것이니 말이다.

프랑스의 철학자 미셸 드 몽테뉴도 핵심을 잘 짚었다. "세상에서 가장 멋진 일은 내가 나를 쥐는 법을 아는 것이다." 그래야만 우주도 내것이 될 수 있다.

우리는 우주에서 "편안함"을 느낄 수 있을까?

보통 우주는 광대하고 무섭다, 아니면 "그냥 있는" 무엇이다 정도로 생각하고 지나간다. 그것도 간혹 하늘을 쳐다볼 때 드는 생각일 뿐 보통 때는 생각도 하지 않는다. 우리의 정신은 한계가 있고 수명은 우주에 비춰 볼 때 찰나에 불과하기 때문에, 우주는 무한하며 늘 있다는 생각이 낯선 것은 당연하다. 프랑스의 수학자, 물리학자, 철학자, 종교사상가 블레즈 파스칼이 "무한한 우주의 영원한 침묵이 나를 위협한다"라고 말한 것에 우리는 깊이 공감한다. 현대 천체물리학의 통찰을 끌어온다고 해도 미국의 이론물리학자 스티븐 와인버그처럼 "우주는 알면 알수록 요령부득이다"라는 결론을 내리는 사람들이 많다. 우주의 목적을 모르는데 어떻게 자신의 목적을 알 수 있겠는가?

"영혼은 오늘날의 우주에서 안식을 얻지 못한다."

리처드 타나스(1950~)

전통적으로 우주에서 안식을 얻는 방법은 종교에 의지하는 것이었다. 우주를 어렴풋이 인간의 영원한 목적지인 천국과 연결해서 생각했던 것이다. 우주는 은혜로운 신이 창조했고 자신도 그렇게 창조된 우주의 부분임을 믿으면 창조된 우주도 인간의 삶도 목적이 생긴다. 오스트리아의 철학자이며 인지학자 루돌프 슈타이너는, 인간은 전 우주와 긴밀하게 심지어 신체구조상으로도 결속되어 있고, 우리 존재의 독특한 의미를 이해해야 우주에서 안식을 얻을 수 있다고 가르쳤다. 슈타이너의 저서 『우주에서의 안식At Home in the Universe』 서문에 폴 마굴리스는 이렇게 적었다. "지구는 우리의 집이 아니다. 우리의 진정한 집은 별들의 세계에 있다 … 우리 자신이 영적인 존재라는 데 대한 자각 없이는 별들의 세계에서도, 지구에서도 안식을 얻을 수 없다."

그렇다면 종교적 신념이 있어야 우주에서 안식을 얻을 수 있을까? 미국의 물리학자 데이비드 봄은 지적했다. "어떻게 보면 인간은 우주의 축소판이다. 그러니까 인간을 알면 우주를 알 수 있다. 우리는 우주에 싸여 있다." "싸여 있음"을 경험하는 일은 종교적 믿음과는 무관하다. 많은 사람들이 우주를 관찰하며 아름다움을 느끼고, 과학이 우주의 기원과 특성을 밝힐 때마다 경이로움과 놀라움은 깊어진다. 영국 낭만파 시인 워즈워스가 느낀 숭고를 우리도 똑같이 맛보게 된다.

> 뭔가 깊숙이 배어든
> 숭고한 느낌
> 일몰의 빛,
> 둥근 바다와 살아 있는 대기,
> 푸른 하늘, 인간의 마음 속

결국 우리의 인지라는 문제로 돌아온 것 같다. 특히 나 자신을 알고 본모습을 깨닫는 것이 중요하다. 느끼고 인식할 때 나 자신을 잘 받아들일수록 내가 전 우주의 일부임도 느껴지는 것은 어쩌면 자연스러운 일일 것이다.

인간이 우주의 유일한 생명체일까?

16세기 이탈리아의 수도승이자 철학자, 수학자, 천문학자인 조르다노 브루노는 이렇게 말했다. "우주에는 다른 태양을 맴도는 지구가 수없이 많다. 그 지구들에는 우리와 비슷하거나 더 우수한 생명체들이 살고 있을 수도 있다." 그는 1600년에 화형에 처해졌다. 1900년에 프랑스의 과학 아카데미는 "10년 안에 별과 소통하고 응답을 받아

내는 방법을 찾는 사람이나 국가에" 10만 프랑을 수여하는 구즈만
상Guzman prize을 제정했다. 생명체가 살고 있다고 믿었던 화성은 너
무 쉽게 문제가 해결될까 봐 제외되었다. 외계, 생명체 문제는 지금
도 귀가 솔깃한데 최근에야 공상과학소설의 테두리를 벗어나 과학
에서 논의되기 시작했다. "우주의 생명체"라는 나사의 한 논문은 이
런 점을 말해준다. "지구 바깥의 생명체 문제는 과학에서 우리를 물
고 늘어지는 주제의 하나이다. 우주에 우리뿐일까? 아니면 지구처
럼 인간이 이해하는 인간에 도전할 다양한 생명체들로 가득할까?"
목성의 거대 위성인 유로파의 얼어붙은 지표면 아래에서 액체 상태
의 물로 보이는 흔적이 발견되었지만, 생명체 탐사의 유력한 후보는
역시 화성이다. 화성은 물 흔적으로 볼 때 지질과 환경이 지구 역사
와 유사하다. 나사NASA는 1996년 13,000년 전 남극 대륙에 떨어진
운석을 발견하고, 1984년 화성에 서식했던 벌레 미화석이 거기에 들
어 있다고 발표했다. 우리 태양계 안에서 생명체를 발견할 가능성은
별로 없다. 하지만 우주에는 태양계가 수백만 개나 있다. 다른 태양
궤도를 도는 행성에 생명체가 살고 있을 가능성이 왜 없겠는가?

· ·

"우주에 다른 태양을 맴도는 무수히 많은 지구들이
있음을 보건대, 거기 우리 같은, 아니 우리보다
우월한 생명체들이 있을지도 모를 일이다."

조르다노 브루노(1548~1600)

· ·

서양 철학과 종교는 지구에만 다양한 생명체가 있다느니, 온 우주를 통틀어 인간만이 도덕적 책임감과 고도의 영성 또는 영혼, 상상력이 있다느니 하는 생각을 우리에게 심어주었다. 이러한 유일하다는 생각은 인간이라는 우리의 자의식에 개입해 인간이 다른 생명체보다 우월하다는 여러 창조신화류 이야기를 사실로 추인했다. 외계 생명체의 존재 가능성, 더욱이 그 생명체가 지적일 가능성은 우리 지구촌을 상상할 수 없을 만큼 넓혀주었다. 아직까지 외계 생명체의 신호를 얻지 못했다고 해서 외계 생명체가 없다고 단정 지을 수는 없다. 그런 신호가 온다면 그 파장은 어마어마할 것이다. 우리 삶의 목적이라든지 인간 이외의 존재라는 현안에만 영향을 미치겠는가? 왕실 천문학자 마틴 리스의 말처럼 "우리 우주는 훨씬 흥미진진해질 것이다. 머나먼 저 별이 또 다른 태양으로 또 다른 지구를 비추고 있음을 안다면 새로운 눈으로 보게 되지 않을까?"

THOMAS KUHN

ANAXIMANDROS

SOCRATES

PLATO

LUDWIG WITTGENSTEIN

JOHN LOCKE

KARL POPPER

DAVID HUME

BARUCH DE SPINOZA

FRANCIS BACON

PYTHAGORAS

ARISTOTELES

SOCRATES

PLATO

LUDWIG WITTGENSTEIN

JOHN LOCKE

KARL POPPER

4
—

인간

Humankind

"사람들은 우주에 관해 떠들어대기 좋아한다.
하지만 나는 관심 없다.
우리는 다만 현재에 있을 뿐이며,
그런 의미에서 앞날은 창창하다."

헨리 데이비드 소로(1817~1862)

인간은 또 다른 동물에 불과할까?

우리는 호모*Homo*[과거와 현재 인류를 아우르는 개념. 또는 포유류 인간 종] 종 동물이다. 인류가 영장류에서 진화했다는 다윈의 주장이 나온 지 얼마 되지 않는다. 과학자들은 인류와 침팬지가 공동 조상에서 분리된 때를 500~700만 년 전으로 추정한다. 우리의 직접적 조상들 가운데 호모 에렉투스나 네안데르탈인 같은 종들은 멸종했고, "아프리카에서 유래"된 현생인류는 5~10만 년 전 유럽대륙으로 이동하기 시작했다. 이러한 정착과 이주의 복잡한 과정 때문에 여러 가지 설이 생긴다.

성서 기반 종교들은 인간만 따로, 하느님의 "순식간의" 창조에서 최고의 영광으로 생각한다. "과학혁명"이라 할 진화론은 긴 과정에 주목하여 인간을 다른 동물과 구별하는 창조론자들의 주장을 무화시켰다. 학창 시절 우리는 신을 닮기보다 고등 영장류를 닮았으며, 미국의 문화역사학자 리처드 타나스의 말처럼 "인간의 마음은 신이 주신 재능이 아니라 생물학적 도구에 불과하다"라고 배웠다. 인류는 다른 모든 종처럼, 자연의 법칙에 따라 전개되는 자연의 선택의 과정에서 자유롭지 않다.

최근 발표된 연구에 따르면, 인간과 침팬지의 DNA는 95퍼센트 유사하다(브리튼, 「국립과학협회보」, 2002). 인간의 염색체는 23쌍이고 침팬지는 24쌍이다. 인간과 침팬지는 생물학적 차이는 미미하지만 확연하게 다른 점들이 있다. 우리도 엄연히 동물이지만 생활하고 삶을 인지하는 방식이 근본적으로 다르다. 그것만으로도 인간만의 독특한 틀이 된다. 우리는 죽음을 비롯한 삶의 면면을 반추할 수 있으며, 철학을 전개해 이해의 폭을 넓히고, 발달된 언어와 통신기기를 가지고 있고, 낯선 환경에서 살아남을 수 있다. 헤엄치고, 걷고, 달리고, 하늘을 날고, 달에 가고, 다방면에서 창조성을 발휘한다. 또 생명을 만들거나 생명의 탄생을 막고, 생명의 형태를 바꾸고, 미적 판단을 내리며, 잠재적으로 지구상의 생명체를 파괴할 능력도 있다.

인간은 얼마나 위대한 작품인가…

윌리엄 셰익스피어(1564~1616)

햄릿은 진화 과정을 몰랐지만, 인간의 "무한한 능력"에 탄복했다. 바로 그가 탄복했던 "능력"들이 인간과 다른 동물의 변별점이다. 그러나 인간은 지구 상에서 가장 이롭거나 친절한 동물은 아니다. 인간을 "동물들의 귀감"으로 본 햄릿의 판단이 맞는지는 아직 가름나지 않았다.

죽음이란 무엇일까?

우리는 그냥 죽을 뿐 자신과 타인의 죽음을 경험할 수 없다. 삶의 종결인 죽음은 죽어 있는 상태이며, 유기체의 살아 있음을 규정하는 생물학적 기능의 중단이다. 죽음이란 무엇일까에 대한 답은 삶을 어떻게 규정하는가에 따라서 달라지며, 이에 대한 합의된 사항은 없다. 죽음이 생명 유지의 핵심이 되는 신체기능의 중단이라고 말한다면 핵심이 되는 신체기능은 무엇일까? 보통 생명이 없는 상태는 심장과 뇌가 모두 기능을 멈춘 것을 말하며, 뇌와 심장이 인공적으로 유지될 수 있으나 상태가 개선되지 않을 것이 확실해지기 전까지 얼마나 오랫동안 이런 방식으로 삶을 지탱할 수 있는지가 쟁점이 된다. "뇌사"라는 용어는 1976년 영국에서 회복 가능성이 있는 환자와 가능성이 없는 환자를 구별하기 위해 처음 사용되었다. "뇌사" 판정을 받은 환자는 회복 가능성이 없는 사람일 뿐 죽은 사람은 아니다.

삶의 목적은 어떻게 죽을 것인지를 배우는 일이라고 한다. 우울한 과제이다. 언젠가 죽는다는 사실은 알지만 "죽음의 깊은 골짜기"를 지나듯 삶을 살 수는 없다. 대부분의 종교가 죽음의 지평선을 바라보되 언제 죽게 될까 초조해하지 말라고 가르친다. 로마 가톨릭 신학자이자 수사 데이비드 슈타인들-라스트는 "생의 매 순간 죽어가고 있음을 알아차려 삶을 보다 충만하게 하라"라고 충고했다.

· ·

죽음은 자유를 향한 여정의
마지막 관문, 마지막 축제다.

디트리히 본회퍼(1906~1945)

· ·

죽음을 직접 체험한 "임사 체험" 사례는 많다. 당사자가 죽음의 상태가 어떻다고 말할 수 있을 만큼 죽음에 가까이 갔거나, 사망 선고를 받은 후 회생해서 그 경험을 말하는 경우도 있다. 후자의 경우를 우리는 일시적인 죽음의 초월이라고 할 수 있다. 의학, 정신의학, 심리학에서 연구해온 임사체험은 공통된 특징들을 보이는데, 자신의 죽음을 인식하는 점도 그중 하나이다. 그 밖의 "감정들"로 평화로움, 세상 또는 몸을 떠나 있는 느낌, 터널을 통과하는 기분, 교감할 수 있는 빛을 향해 빠르게 이동해서 그 속에 빠져드는 느낌, 넘치는 사랑의 느낌, 영혼들이나 빛나는 자신, 흰옷을 입은 사람과의 만남, 어떤 경계로의 접근, 지나온 삶의 파노라마, 우주의 원리를 통찰한 느낌, 자신의 종교나 영적 문화와의 연결, 그리고 자신의 몸으로 돌아갈지 말지를 결정하는 것 등이 있다.

이러한 임사체험담으로 미루어 죽음에 가까이 갔을 때 상태를 짐작할 수 있겠다. 그렇다면 우리의 의식은 육체의 죽음 뒤에도 남아 있을까?

사후에도 삶이 있을까?

신앙의 문제를 떠나서 사후의 삶이 있다고 단언할 수 없다. 무신론자들만이 "없다"라고 단정한다. 인간이 군집생활을 할 때부터 내세에 대한 믿음이 있었을 것이다. 내세는 성서 교리의 축이며 이러한 믿음은 종교가 태동할 때부터 있었을 것이다. 종교마다 내세의 모습은 다르다. 유대교에는 올람하바Olam HaBa, 즉 "다가올 세상"을 뜻하는 개념이 있는데, 이것은 의로운 사람의 후생이 펼쳐지는 공간이다. 기독교에도 의로운 사람을 기다리는 천국이라는 이미지들이 있다. 낙원(에덴동산과 같은)이라든가 하나님의 나라(또는 하늘나라)가 여기에 해당된다. 후자는 부활한 사람들이 살게 되는 "내세"일 수도 있고, 예수 그리스도로 인해 새 생명을 얻은 사람들의 지상왕국일 수도 있다. 코란에서도 "의인에게 약속된 동산 이야기"(13:35)에서 내세를 이야기한다. 힌두교에서는 "영혼"은 소멸하지 않고 환생한다고 하는데, 이 과정을 결정하는 것은 개인의 업보나 행위이며, 그 종착지는 천국이 아니라 자유이다. 불교에서 환생은 곧 윤회를 말한다. 삶도 차례로 켜지는 촛불처럼 이어지고, 모든 불꽃은 이전의 것과 같지는 않지만 인과관계를 맺고 있다. 열반은 이런 과정을 거쳐 마지막 촛불이 꺼지고 드디어 자유의 상태에 도달하는 것이다. 탄생, 죽음, 환생의 순환에서 빗어난 개인의 의식은 전체에 흡수된다. 붓다는 이러한 과정에 대해 "이해할 수 없고, 설명할 수 없으며, 생각할 수 없고, 말로 표현할 수 없다"라고 말했다. 이것은 그 주제가 창조와 우주의 기원처럼 불가사의하다는 말이다. 분명한 답이 없기에 그 문제에 너무 깊이 빠지지 말라는 뜻이기도 하다.

"죽고 다시 태어나는 영원의 법칙을 모르면,

우리는 캄캄한 땅을 헤매는 과객일 뿐이다."

요한 볼프강 폰 괴테(1749~1832)

몸이 부활한다는 관념이 서구 문화에 많은 영향을 준 것은 사실이지만, 우리의 죽은 몸이 복원되는 신비를 믿는 사람은 별로 없다. 만일 내세의 삶이 있다면 그것은 의식을 담고 있는 영혼이 될 것이다. 무신론은 이런 믿음에 반대한다. 특히 진화론적 생물학자이며 뛰어난 작가 리처드 도킨스의 『만들어진 신 The God Delusion』은 큰 논쟁을 일으켰다. 이런 사람들은 사후의 삶에 과학적 증거가 없으므로 그러한 개념은 신앙으로 유지되는 신화에 불과하다고 주장한다. 도킨스는 "신앙은 증거의 책임을 회피하는 훌륭한 구실이자 변명이다. 신앙은 증거가 없어도, 심지어 증거가 없기 때문에 믿는 믿음이다"라고 말한다. 죽음 이후를 믿으면 죽음은 끝이라는 냉혹한 진실은 한결 완화된다. 알베르트 슈바이처는 대안을 내놓았다. "환생은 큰 위안이 된다. 인도의 사상은 유럽 사상가들을 휘청이게 한 난해한 문제들을 환생이라는 개념으로 훌쩍 뛰어넘었다." 과연 위안도 되고 "우리는 단지 죽기 위해서 태어나는가" 하는 문제에 가장 만족스러운 답이 아닐까 싶다.

삶에 목적이 있을까?

삶의 의미와 목적은 우주의 의미와 목적과 얽혀 있다. 우리는 전체의 일부이며 가없는 은하들과 동일한 물질의 법칙에 매여 있다. 그러므로 우리 삶의 목적도 그 밖의 것과 따로 있을 리 만무하다. 물질계에서 "목적"은 물리학의 원리들, 즉 조화롭게 작동하는 전체의 기능적인 부분이 되는 것이 기준이 된다. 그러한 목적은 자연법칙에서 유출되지만, "목적"이라는 표현은 자연법칙을 드러내기에 그다지 적합하지 않다. 인간의 경우 목적은 의식과 연결되어 있다. "내 삶의 의미"를 생각할 때, 우주 환경을 지배하는 물리학 법칙들이 우리 삶의 변수를 규정하고, 또 유전 코드가 우리의 삶을 한정한다는 것도 염두에 둔다. 목적을 가지고 태어나는 사람은 없으며, 우리가 원해서 태어난 것도 아니며, 삶이란 우리에게 닥친 사건이다. 요컨대 우리는 삶에 의미가 없는 듯 살아가거나, 삶 속에서 목적을 찾거나 삶에 목적을 부여하거나이다.

- -

"인간의 마음은 유한하다. 하지만 이 유한의
조건에서도 우리는 무한한 가능성에 에워싸여 있다.
이러한 무한에서 가능한 한 많은 것을
붙드는 것이 우리 삶의 목적이다."

알프레드 노스 화이트헤드(1861~1947)

- -

종교에서 말하는 삶의 주된 목적은 신과 깊은 관계를 맺는 것이다. 하지만 신과의 합일에 이르는 데는 대개 장벽이 있다. 성서 기반 종교에서는 죄, 동양에서는 무지와 착각이 그것이다. 이런 장벽은 넘어야 할 대상이며, 이를 성취하는 것이 바로 삶을 이끄는 목적이 된다. 바로 도덕, 즉 일정한 윤리 기준에 맞게 살라는 "소명"이 여기에 더해진다. 도덕은 "나"뿐 아니라 남을 위해 살라고 촉구하며 이타주의는 (종교적이든 세속적이든) 늘 삶에 의미를 부여한다. 삶에 목적을 제공하는 다른 요인들은 많다. 하지만 목적을 **위해** 삶이 있는 것이 아니라 삶이 있고 거기에 목적을 **부여하는** 것이다. 그러니까 내가 왜 여기에 있는가를 묻지 않고 여기에 있는 동안 무엇으로 최선을 다할 것인가를 물어야 한다. 중국 속담에 "기적은 하늘을 나는 일도, 물 위를 걷는 일도 아니며 바로 땅 위를 걷는 일"이라는 말이 있다. 어디를 어떻게 걸을 것인가는 우리에게 달렸다. 어떤 이들은 우리가 사는 이유는 나 자신과 타인을 이해하여 사는 동안 세상을 더 좋은 곳으로 만들기 위해서라고 말하기도 한다. 우리는 살기 위해 일하고 일하기 위해서 산다. 그런가 하면 행복을 추구하며 사는 사람들도 있다. 먹고 자는 일 외에는 재미와 즐거움에 골몰하는 일종의 쾌락주의이다. 우리는 태어나 죽는데, 유대인의 잠언을 빌리자면 그 사이에 약간의 먹을 것과 마실 것이 주어진다.

알베르 카뮈는 "삶의 의미를 구한다면 삶은 없을 것이다"라고 경고했다. 문제에 골몰하다 답을 그르치는 꼴 아닐까? 그러나 사는 이유를 알면 **방법**은 문제 되지 않을 것이라 했던 니체의 말은 옳은 것 같다.

우리는 진정 행복할 수 있을까?

행복은 태도, 성격, 기질의 영향을 받는 마음의 상태이다. 한 사람의 행복은 곧 다른 사람의 행복일 수는 없지만, 한 사람의 행복이 다른 사람의 행복에 플러스가 될 수도 있고, 어떤 사람의 행복이 다른 사람의 불행으로 인해 주어질 수도 있다. 잠깐 행복할 수는 있다. 아무리 긍정적인 태도를 취하더라도 영원한 행복이 가능한지는 의문이다. 여건이 바뀌어서 우리의 행복 인자를 갉아먹을 때 이것을 극복하기는 매우 어렵기 때문이다.

· ·

"행복은 삶의 의미이자 목적이고,
삶의 전부이자 궁극이다."

아리스토텔레스(BC 384~BC 322)

· ·

진정한 행복은 개인적, 주관적인 문제이다. 환경에 상관없이 늘 행복한 사람이 있는가 하면, 잠시 잠깐만 행복한 사람도 있다. 그렇지만 행복에는 공통분모가 있는 것 같다. 늘 행복한 사람들은 행복 인자가 있어서 쉽게 걱정하지 않고 현재의 순간에 올인하며 긍정적, 낙천적이며, 자신의 이성과 지성뿐 아니라 직관도 믿는다. 또 지혜로워서 세상은 변한다는 것도 알고, 문제가 생기더라도 놀라지 않고, 어려움이 닥치더라도 빨리 일어선다. 행복은 과도하게 물질을 추구하거나 과욕을 부리는 사람들보다는 기본적인 욕구만 충족되어도 만족을 느끼는 사람들에게 쉽게 찾아온다. 그들은 가족과 친구를 소중하게 여기며 삶의 목적이 일과 연결된 경우가 많다.

많은 사람들이 신앙에서 행복을 찾는다. 신의 능력과 위로가 함께 한다고 믿는 사람들은 삶이 아무리 힘들어도 마음의 평정을 잃지 않는다. 조용한 명상에서 비슷한 힘을 얻는 사람들도 있다. 그들의 행복은 힌두교의 『마누스므리티*Manusmriti*』가 말하는 독립성에서 나온다. "다른 사람에게 의지하지 말고 네 자신에게 의지하라. 진정한 행복은 독립에서 온다."

항상 행복할 수는 없다. 슬프고, 화나고, 실망하고, 좌절하고, 불쾌해져서, 매사에 부정적으로 반응할 때도 있다. 여기에서 빨리 회복하는 사람도 있고 회복하는 데 시간이 걸리는 사람도 있다. 행복해지는 세 가지 간단한 방법이 있다. 첫째, 더 많이 웃어라. 행복하든 안 하든 웃으면 기분이 좋아진다. 둘째, 현재의 자기와 현재의 상황에 감사하려는 마음을 키워라. 셋째, 행복을 느끼는 데 도움이 되는 것들을 찾아라. 나보다 덜 행복한 사람을 생각해도 좋다. 1693년에 발표한 『인간 오성론*Essay Concerning Human Understanding*』에서 영국의 철학자 존 로크는 "최고의 지성은 진정한 행복을 신중하고 꾸준하게 추구하는 데 있다"라고 말했다. 미국 독립선언문도 같은 생각을 반영해 "생명, 자유, 행복 추구"를 인간의 양도할 수 없는 자주권으로 열거했다.

희망은 위험한 망상일까?

"희망은 무엇인가?"라고 영국의 낭만파 시인 로드 바이런은 물었다. "그것은 존재의 얼굴에 칠한 물감에 지나지 않는다. 진실이 스치기만 해도 벗겨져 그 아래 움푹 파인 매춘부의 뺨이 드러난다."

바이런은 희망에 회의적이었다. 희망이란 결과가 좋을 것이라는 믿음인데, 결과에 대한 전망이 불투명할 때 희망을 많이 입에 올린다. 낙천적 성격에서 나오는 희망은 잘 되리라는 기대감을 마음에 품은 상태이다. 그것은 성격과 긍정적 태도가 잘 짜인 천이다. 아무리 희망이 강렬해도 결과에 대한 부담과 걱정을 떨칠 수는 없다. 고린도전서에서 바울은 인간의 가장 중요하고 영속적인 특질 가운데 하나로 "소망"을 언급한다. "믿음, 소망, 사랑, 이 세 가지는 항상 있을 것인데 그중에 제일은 사랑이라."

그러나 잘못된 믿음이나 사랑처럼 허황된 희망은 위험한 망상이 될 수 있다. 믿음과 사랑처럼 희망도 성숙함이 있어야 최선의 결과를 낳는다. 즉 허황됨을 판단할 만큼 충분한 인생 경험을 쌓아야만 하는 것이다. 비록 테오크리토스(BC 3세기)는 "살아 있는 한 희망은 있고, 오직 망자들에게만 희망이 없다"라고 말했지만, 희망이 전혀 없어 보이는 상황들도 있다. 수술이 불가능한 중병을 진단받은 환자는 오래 살기를 희망할 수 없다. 그런 상황에서 희망을 품는 것은 현명한 일이 아니다. 아리스토텔레스는 이를 "백일몽"이라 했다. 그러나 절체절명의 순간에 맞닥뜨렸을 때 우리에게 남은 단 하나도 희망이다. 섀클턴의 남극탐험 생존기는 생존이 한 사람의 강력한 희망에 좌우된다는 사실을 보여준다. 산악이나 해양 사고나 홍수와 지진 같은 자연재해에서 살아남은 사람들의 이야기는 많다. 그러나 희망만 품으면 이러한 역경에서 살아남는 것은 아니다. 모름지기 희망에는 그것을 현실로 만드는 결의가 수반되어야 한다. 의지를 동반한 희망은 절대 수동적이지 않다. 두 가지가 합해져야 희망을 현실로 만드는 데 필요한 행동을 낳는다.

물론 잘 모르고 희망을 품거나, 미래란 어차피 투기라고 생각해서 희망을 품게 되는 경우도 있다. 우리는 자신과 가족, 친구들이 늘 건강하기를 희망하고, 생계 보장을 희망하며, 중동 문제의 해결을 희망하고, 지구 생태계에 대한 위협이 해소되기를 희망한다. 이런 희망은 적절한 대책, 곧 우리의 건강이나 소득, 평화를 회복하는 절차 또는 탄소 배출을 줄이는 캠페인이 시행될 때에 비로소 유지될 수 있다. 프랑스의 극작가이며 소설가 알렉상드르 뒤마는 희망과 인내를 결합한 끈기 있는 어느 백작에 관한 이야기를 썼다. 무고하게 투옥된 주인공은 "신께서 친히 앞날을 알려주시는 그 날까지 인간의 지혜는 온전히 기다림과 희망이라는 두 단어 안에 담겨 있음"을 깨닫는다.

우리에게 자유의지가 있을까?

이 질문의 반대편에 결정론이 있다. 우리는 자유의지를 자발적인 결정에 따라 선택하고 행동하는 것으로, 외부의 영향을 받기 쉬우나 절대적 인과관계로부터 자유로운 것으로 상상한다. 결정론자들은 우리의 삶을 포함한 세상만사가 예정되어 있기 때문에 우리가 어떻게 해볼 수 없다고 믿는다. 창조주를 중심으로 돌아가는 종교들은 이 같은 결정론을 견지한다. 창조주는 전능한 존재로, 미래를 결정한다. 그러나 이런 식의 생각은 창조주를 믿는 사람들에게도 문제가 된다. 왜냐하면 대부분의 종교는 자신의 행위에 대해 책임을 지게 하는데, 만약 세상만사가 예정되어 있다면 책임 운운할 여지가 없어지기 때문이다. 결정론의 관점에서 보면 어떤 행동을 하더라도 예정되어 있는 것이기 때문에, 극악한 행동조차 변명의 여지가 생긴다. 그런데 사람들은 대개 자신의 선택과 행동이 타의에 의한 것이라고 좀처럼 생각하지 않는다. 그래서 결정론을 받아들인다면 자신이 신의 꼭두각시로 전락한다고 느낀다. 우리 스스로 만유의 전횡자가 프로그래밍하고 조종하는 정밀한 로봇이라고 생각할 수 있겠는가?

생물학적, 우주론적 결정론을 편 장본인은 생물학자와 물리학자들이다. 리처드 도킨스는 우리를 "노예"로 만드는 "이기적 유전자"를 이야기했다. 우리의 몸과 마음은 "유전자의 생존을 위한 기계"이며, 결국 우리의 행위를 결정하는 것은 유전자라는 것이다. 아인슈타인도 모든 것이 결정되어 있다고 믿었다. "우리 눈에 보이지 않는 어떤 존재가 피리를 불면 우리는 아득한 데서 들려오는 이 신비로운 가락에 맞춰 춤을 춘다."

그러나 이러한 프로그래밍이 전부일 수는 없다. 과학적 절대론[자연과학이 인간의 기획, 목적, 시각 등과 무관하게 실재를 설명할 수 있다고 보는 견해]이 제기하는 이러한 질문들처럼, 자유의지도 상대적인 문제다. 인간의 DNA는 자유의지가 작동할 수 있도록 프로그래밍되어 있다는 주장도 가능하다. 마음이 바뀔 때, 그것조차 예정된 것이라고 한다면 말장난에 지나지 않는다. 생김새, 성격, 기질은 유전자에 의해 결정된다. 그러나 인간관계, 교육, 환경, 인류가 쌓아온 지식과 경험을 흡수하고 사용하는 방식 등 여러 요인의 얼개가 복잡다단해 자유의지가 작동할 여지는 충분하다. 어쩌면 아르투르 쇼펜하우어의 주장이 진실에 더 가까울 수도 있다. "사람은 의지하는 일은 능히 할수 있지만, 의지 자체를 결정할 수는 없다."

마음이란 무엇일까?

고대 그리스 시대부터 "마음mind"은 "선good", "영혼soul", "미beauty" 처럼 폭넓은 뜻을 가진 단어이다. 초기 철학자들은 "마음"을 뜻하는 그리스어 누스nous를 지식과 이성으로, 플라톤은 영혼의 이성적인 부분으로, 아리스토텔레스는 지성의 능동적, 수동적인 측면으로 보았다. 플라톤에게 마음은 불멸의 것이었다. 마음 자체를 확인하는 일은 불가능하다. 그렇기 때문에 서양 철학은 몸과 마음의 관계에 항상 집중해왔다. 마음이 몸과 상관없이 존재하고 작용할 수 있는지, 그래서 죽음 뒤에도 남는 부분인지 여부가 관심사였다. 그 관계가 어떻든 마음은 생각과 관련된다. 즉 경험한 것을 수용하고 처리하는 "장소"이다.

르네 데카르트는 의식은 바꿀 수 없는 인간의 본질이며, 생각하는 것이 그 증거라고 했다. 의식이야말로 그의 유명한 명제, "나는 생각한다, 고로 존재한다"가 말하듯이 유일하게 확실한 사실이다. 데카르트는 "생각하기"를 인간 삶의 본질로 인식한 반면, 생각의 능력이 없는 물적 대상도 인정했다. 우리가 아무리 사고를 전개해도 이러한 물적 대상 자체를 확인할 수 없다. 이후 철학자들은 생각하는 존재와 "물질"을 나누는 데카르트의 이분법을 해소하고자 했다. 예를 들어, 유대계 네덜란드 철학자 바뤼흐 스피노자는 몸과 마음은 동일한 실재의 양면이라고 주장했다. 동양의 종교 역시 전제는 다르지만 우리가 인식하는 세계는 마음이 지은 상이라고 보고 그런 시각으로 이원론을 돌파한다.

심리학에서도 몸과 마음의 관계는 주된 관심사이다. 마음을 통해 경험, 인지, 소통 등이 이루어지며, 내가 나의 마음을 벗어날 수 없기 때문에 마음은 우리의 유일한 통로이다. 심리학은 마음을 대단히 복잡한 기계, 즉 모든 생각과 행위를 산출하는 근원으로 본다. 마음은 뇌 활동의 총합이지, 뇌의 특정 부분이 마음을 관장하는 것은 아니다. 심리학자들이 밖에서 안을 들여다보는 식으로 연구를 진행하는 것을 보면 마음이라고 하는 것이 얼마나 붙잡기 어려운 것인지 알 수 있다. 이들은 유일하게 관찰이 가능한 정보인 인간의 행위를 근거로 마음의 **작동 원리**를 추론한다. 마음 자체를 추출하는 것은 아니다. 그들은 행위에서 감정과 기억, 인식, 꿈, 욕망, 믿음, 야망, 가치 등을 "읽어"낸다. 그렇게 관찰하고 추론한 내용은 "마음의 과학" 정도로 얘기할 수 있는 심리학 분야의 자료가 된다.

. . . .

"마음이란 갖가지 인식들의 집적이다.

이렇게 일정하게 엮인

동질적인 단일체라는 착각을 불러일으킨다."

데이비드 흄(1711~1776)

. . . .

우리는 의지와 결단을 "정신력"과 연관짓는다. 마음 "상태"에 따라 우리는 병이 날 수도 있고 건강을 회복할 수 있고, 또 실패와 성공이 갈리기도 한다. 그래서 영국의 시인 존 밀턴은 "마음은 그 자체 힘으로 천국을 지옥으로, 지옥을 천국으로 만들 수 있다"라고 했다.

내 마음을 알 수 있을까?

우리는 타인의 마음을 읽는 데 많은 시간을 할애한다. 타인의 행위, 표정, 말, 생활 방식은 그의 기분, 의견, 믿음 등을 추정하는 단서가 된다. 관계가 친밀할수록 마음을 알기 쉽다. 상대방의 생각을 안다고 할 만큼 각별한 관계도 있다. 이는 직관일 수 있고 희한한 텔레파시일 수도 있다.

그렇다면 나 자신의 마음을 읽는 것도 가능할까? 어떻게 하면 될까? 이것은 자신을 아는 것과 연결된 문제이다. 델포이 신전에도 "너 자신을 알라"라는 문구가 새겨져 있다. 영국의 시인이며 비평가 알렉산더 포프도 이 권고를 받아들였다. "너 자신을 알라. 감히 신을 알려 하지 마라. 인간에게 어울리는 연구 대상은 인간뿐이다." 나 자신을 아는 일과 내 마음을 아는 일을 별개로 나누는 시도는 현학적이다. 마음은 자신의 한 측면, 지금 나의 절대 중심으로 이해될 수 있다. 마음을 영혼으로 본 소크라테스에게 마음이란 "영혼에서 덕이 거하는 부분"이었다. 그는 마음의 본성을 알려면 인간의 선한 행위를 보라고 말했다. 즉 자신의 마음을 알려면 생각의 내용뿐 아니라 생각의 방식을 알아야 된다는 말이다. 내가 생각하는 경향을 알면 나의 마음도 알게 될 것이다.

"저 사람은 자기 마음을 잘 아는군." 이 말은 그 사람의 결단력을 말하는 것이다. 즉 결단력이 있는가 우유부단한가, 또 결정이 옳은가 그른가를 문제 삼는 것이다. 그것으로 끝이 아니다. 앞에서 보았듯이 마음은 도구이며 두 사람의 마음이 똑같은 경우는 없다. 마음은 자신의 것이며 그런 상태가 가장 좋다. 자기 마음을 도구로 본다는 것은 곧 마음이 가장 잘 하는 것, 내 마음의 특성, 마음의 작동을 방해하는 것이 뭔지 잘 안다는 뜻이다. 영리한 사람은 자신의 마음을 잘 안다. 영리함에 대해서는 뒤에서 살펴보겠다. 자신의 마음을 아는 것은 가능한 일이며 매우 중요한 일이기도 하다. 마음은 행위를 구성하기 때문이다. 우리는 마음이 날카롭다/무디다, 개념적이다/무개념적이다, 계산적이다/직관적이다, 민감하다/느즈러지다라고 자각하게 된다. 인도의 사상가 지두 크리슈나무르티는 우리가 어떤 마음을 발견하든 "마음을 젊게… 즉 다사다난한 인생사에도 마음이 얼룩지지 않은 사람은 드물다… 젊은 마음은 늘 새롭게 결심한다"라고 말했다.

지능은 과대평가된 것일까?

지능intelligence이 무엇인지, 어떻게 작동하는지에 대해서는 지금도 논란이 많다. 일반적으로 지능은 지식을 얻고 기술을 적용하는 능력을 말하는데, 이러한 광의의 지능은 "지성intellect"으로 축소되었다. 지성은 보통 추론 능력을 가리킨다. 지성은 주관적인 이해에 대비되는 마음의 객관적인 이해 능력을 말한다. 지성은 지능의 정점으로 생각된다. 그렇기 때문에 지능적인 사람은 영리한 사람이라는 것을 의미한다. 그뿐이 아니다.

"사람을 사람으로 만드는 것은 지능이지만
사람을 그 자신으로 만드는 것은 가슴이다."

앙리 프레데릭 아미엘(1821~1881)

지능검사는 뇌 능력의 범위와 총량을 추산해서 지능을 지수IQ로 나타낸다. 지능이 높은 사람들의 단체인 멘사는 자체 시험으로 회원을 거른다. 문제는 이런 검사법이 과학적 근거가 없다는 사실이다. 검사 대상의 기분이나 태도에 따라 결과는 얼마든지 달라질 수 있으며, 검사 대상의 생각과 인식 방법을 아는 데 적절하지 않다. 그럼에도 지능지수는 한 사람의 정신능력을 나타내는 유용한 지표로 통용되고 있다. 더 큰 문제는 이러한 지표가 쓰이는 곳, 이를테면 영재를 선발하거나 사원을 뽑을 때 쓰인다는 것이다. IQ분포는 보통 유전과 환경 요인의 임의 변수를 더해 종형곡선을 이룬다. 헌스타인과 머레이의 저서 『종형곡선The Bell Curve』(1994)에서 저자들은 "인종 간의 차이는 유전자와 환경 모두가 원인일 가능성이 높다"라는 말로 인종 사이에 지능의 차이가 있다고 주장하며 논란을 일으켰다. 이 책은 또 지능의 차이가 사회 조직의 차이를 낳고 대상의 "계급" 상승 가능성을 사회경제적 배경보다 더 정확하게 짚어낸다고 주장한다. 버클리 대학교의 아서 젠센은 지능은 40~80퍼센트 유전이라는 연구결과를 내놓았다. 이 연구는 미국 사회 내부에서 진행되었지만 그 방법은 어느 사회에나 적용될 수 있다.

하버드 교육대학원에서 인지과학과 교육에 관해 강의하는 하워드 가드너 교수는 다중지능 이론을 내놓았다. 즉 지능에도 여러 종류가 있다는 것이다. 일반적으로 지능을 지식과 기술을 축적하고 적용하는 능력으로 간주하는데, 가드너는 그 축적과 적용 과정에 여덟 종류의 지능이 작용한다고 주장한다. 언어지능, 음악지능, 논리-수학지능, 공간지능, 신체 감각지능, 자연주의지능, 대인관계지능, 마음지능 등이다. 앞선 지능 하나가 주도하는 것이 아니라 성격, 유전, 환경요인 등등에 따라 각자 선택적으로 지능을 개발하면 이것이 지배적이 된다. 지능들이 서로 충돌할 가능성도 있다.

지능을 잘 사용하면 한 사람의 능력을 나타내는 유용한 지표가 될 수 있다. 그러나 유전자 변형 곡물처럼 탁월한 과학자, 예술가 또는 기능공을 계획 양산할 목적으로 지능을 조작할 가능성 때문에 논란이 많다.

우리는 왜 욕망할까?

철학, 사회학, 인류학, 진화론은 인간의 욕망에 대해 제각각 설명을 내놓는다.

　필요 이상의 물질에 대한 욕망은 어린 시절의 선물에서 시작되는 것 같다. 선물을 받으면 기분이 좋다. 그럴 것이 선물은 "나"에 대한 누군가의 관심을 말해주기 때문이다. 선물이 내 마음에 들수록 기쁨은 커진다. 돈이 생기는 순간 물질을 향한 욕망은 커지고, 우리는 거대한 경제 메커니즘의 일개 부품으로 편입되게 된다. 우리는 남에게 지지 않으려고, 또 으스대고 과시하려고 물건을 사들인다. 불필요한 구매도 이런 면에서 굉장한 만족감을 줄 수 있다.

- -

"세상을 꾸미는 아름다운 물건들 사이를 걸어가는
일이 좋다. 그러나 사유 재산이나 개인 소유를
사양하는 까닭은 그것들이 나의 자유를 앗아가기
때문이다."

조지 산타야나(1863~1952)

- -

　욕망의 심층심리는 여전히 수수께끼다. 미국의 과학 전문 기자 멜린다 베너 모이어는 "내가 특정 조건에서 취하는 행동이나 나타나는 편향을 스스로 예측할 수 있다. 이런 성향이 어디에서 비롯되는지는 잘 모른다"라고 지적했다. 또래집단이나 사회에서의 위치를 말하는 "지위"에는 차, 집, 옷 등 우리의 소유물도 들어 있다. 우리가 욕망하는 이유는 소유가 주는 자신감에, 내 것이니까 내 마음대로 할 수 있다는 안도감이 더해지기 때문이다.

욕망은 언제든 집착이 될 수 있으며, 그렇게 될 때 우리는 가치관 혼란에 빠진다. 이는 현재에 대한 불만족으로 이어지고, 현재 가진 것으로 만족하지 못하게 된다. 무엇이 불만을 일으키는지, 왜 실용성을 떠나서 물질을 욕망하는지는 낱낱이 해명되지 않았다. 뉴욕대학교 사회학 교수인 돌턴 콘리는 "무엇이 우리의 욕구를 몰아가는지 사회학자, 진화론적 심리학자, 경제학자들이 온갖 의견을 말하지만, 어느 누구도 핵심에 도달하지는 못하고 있다"라고 말했다. 그러나 인간의 채울 수 없는 물욕은 오래된 문제이다. 가톨릭 사제이며 인본주의자인 에라스무스는 말했다. "오늘날 성속을 막론하고 소유욕이 불같이 일어나, 자연조차 이윤의 대상이 되지 않는 것이 없다."

모은 재산이 도리어 그 주인을 소유하는 황당한 경우도 있다. "집착… 그보다 자유롭고 고귀한 삶을 방해하는 것은 없다"라고 버트런드 러셀은 말했다.

과도한 물질주의는 위험할까?

철학적 유물론은 존재하는 모든 것이 물질이거나 물질에 의존한다고 규정한다. 인류의 물질의존은 정신적 가치를 무너뜨릴 만큼 물질을 갈망하는 지경에 이르고 있다. 그래서 우리는 유물론에 의문을 갖고 물질주의의 위험성을 생각하게 되었다. 물질주의에 대한 집착은 "감각 말고 뭐가 있겠어"라는 식의 태도에 삶의 의미와 가치를 두는 문화를 만들어냈다. 우리의 삶과 존재는 생산과 소비 사이에 갇혀 있다.

스위스의 철학자 앙리 프레데릭 아미엘은 물질주의에 대한 분노를 표출한다. "물질주의는 모든 것을 거칠고 무감하게 만든다. 모든 것을 속되게 만들고 진실을 거짓으로 만든다." 이 말은 과장일지 모르지만 우리가 직면한 위험에 대한 경고이다. 궁극적 가치와 안녕은 물질 안에 있다는 믿음은 삶을 위축시키고 둔화시킨다. 또 철학적 호기심, 개인의 영성이나 아름다움, 마음의 평화, 만족감 등의 가치까지 좀먹는다. 미국의 소설가 마크 트웨인의 말대로 물질주의에서 얻은 만족은 생명이 짧다. "당신이 원하는 것은 물질이라고 말하지만 사실상 물질은 상징이다. 즉 원하는 것은 그 물질 자체가 아니라 그것을 소유한 순간의 정신적 만족이다."

과도한 물질주의가 가장 분명하게 드러나는 곳은 오늘날의 첨단기술이다. 컴퓨터, 전기통신, 휴대폰, 운송수단 등이 형성하는 매머드 시장이 대표적이다. 의학, 교육, 연구, 첨단기술이 막대한 이익을 창출하고 있다. 그렇다면 기술 진보가 위험을 초래하거나 자연을 거스르는 일은 없을까? 트랜스휴머니즘(초인간주의)은 기술을 사용해서 장애, 고통, 심지어 노화를 근절하고자 하는 운동으로, 죽고 싶지 않으면 안 죽을 수 있다고까지 생각한다. 여기에 생명공학과 나노공학이 동원되고 있다. 나노공학은 원자와 분자 수준에서의 물질 제어를 목표로 하는 요즘 떠오르는 분야이다. 이러한 물질 제어를 목표로 하는 트랜스휴머니즘이 인간의 본성을 위태롭게 하지는 않을까? 샌디에이고 대학교 수학과 명예교수 베르너 빈지는 1983년의 저서에서 이렇게 말했다. "30년 안에 우리는 초인간 지능을 창조할 수 있는 과학기술을 갖게 될 것이다. 그러면 곧 인간의 시대는 끝날 것이다." 과도한 물질주의 공학의 목표는 인간을 인공물이라는 관점에서 새롭게 설계해서 자연의 진화 과정을 보존하는 것이다. 결국 성능 좋고 내구성 있되 감정이 삭제된 인간이 나오지 않을까?

"세계는 나날이 물질만능주의로 치닫고, 인류는 힘과 막대한 소유를 향한 그칠 줄 모르는 욕망에 이끌려 외적인 발달의 정점을 향해 가고 있다."

달라이 라마(1935~)

대상을 있는 그대로 받아들여야 할까?

의식이 생기면서 인간은 뭐든 알고자 하는 종이 되었다. 인간의 지식욕은 강하고 끈질기다. 그래서 앎에 대한 욕구는 생존의 필수조건이며, 자연선택을 통해 인간의 유전자에 각인되었다는 이야기가 나온다. 여기서 모순이 발생한다. 인간은 태생적으로 대상을 있는 그대로 받아들이지 못한다. 이러한 본성이 바로 문명 발달의 동력이었다. 현재와 다른 단계를 모색하지 않았다면 우리는 아직도 동굴에서 살고 있을 것이다. 무엇을 배울 때 전통이니까, 또는 다들 그렇다고 하니까 다소곳이 받아들이는 것은 현명하지 못하다. 크리슈나무르티는 "권위의 수용은 곧 진리를 부정하는 것"이라고 경고했다.

물론 수용할 "대상들"에서 나 자신을 빼놓으면 안 된다. 어려운 일이지만 말이다. 자기 자신을 아는 것은 모든 앎의 핵심이다. 자기 자신을 아는 데 거의 평생이 걸리기도 한다. 카를 융은 "나 자신을 100퍼센트 받아들이는 과정은 정말 끔찍한 일"이라고 경고했다. 그것은 나 자신의 한계와 어두운 면과 맞닥뜨리는 일이기 때문이다. 그러려면 폴 틸리히의 말처럼 "인정하는 용기"를 내야 한다. 변화의 첫걸음은 수용이다.

. . . .

"궁극적으로 인간의 전 생애는
지금의 자신을 있는 그대로 수용하는 과정이다."

장 아누이(1910~1987)

. . . .

나 자신과 내 주변뿐 아니라 우주에 대한 지식도 받아들여야 한다. 과학 덕분에 우리는 신화와 종교적 사변에서 객관적 지식으로 옮겨갔으며 나 개인의 문화, 나아가 문명도 급변했다. 이 변화는 해방이었다. 우리는 제멋대로 생각할 수 있으며, 그것을 이유로 종교, 정치, 사회적으로 배타당하지 않게 됐다. 그러나 이집트를 탈출한 유대인들이 곤경에 처했듯이, 자유는 두려움의 대상이 될 수도 있다. 신화, 미신, 통설에서 벗어나는 것은, 우주 기원에 대한 전통적, 신학적 설명에서 용기 있게 손을 뗀 사람들에게도 어려운 일이다. 일부 종교, 특히 성서를 기반으로 한 종교들은 진화생물학과 천체물리학 이론을 수용해 나름의 사상을 발전시키기도 했다. 이 역시 사실을 수용하려는 태도가 있었기에 가능한 일이었다.

수용은 마음의 평화로 가는 길이다. 그것은 내키는 대로 생각하지 않기, 마음을 닫아걸고 어떤 믿음이나 원칙을 고수하지 않기, 진실의 대면을 두려워하지 않기이다. 진정한 수용은 냉엄한 현실주의를 요구한다. 불교 용어로 진여眞如, 즉 사물의 본성을 뜻하는 이 현실주의는 사물의 참존재에 눈뜨게 한다. 부처는 수용은 초월이고 초월은 깨달음이라고 가르쳤다.

5

—

영성

Spirituality

"영혼은 다이아몬드 원석과 같아,
닦아주지 않으면 제 얼굴을 드러내지 않는다."

대니얼 디포(1660~1731)

"우리는 영적 경험을 하는 인간이 아니다.
우리는 인간적인 경험을 하는 영적 존재이다."

피에르 테야르 드 샤르댕(1881~1955)

정신은 무엇일까?

"정신spirit"하면 생명체 안에 있는 생기, 형체는 없지만 느낄 수는 있는 무엇 정도를 떠올리게 된다. 정신이란 말은 유령, 도깨비, 소란스러운 유령poltergeist, 사람이나 장소의 신들림 따위를 이야기할 때도 쓴다. "정신"은 게오르크 헤겔이 말한 가이스트Geist를 번역할 때 '마음mind'과 함께 쓰였다. 헤겔에게 정신은 그 자체로 존재하는 것이었으며, 따라서 "나"였다. 흥미롭게도 그는 정신을 주관적 정신, 객관적 정신 그리고 절대 정신으로 나누었다. 주관적 정신은 관계를 떠나 존재하는 인간의 측면으로, 의식, 기억, 생각, 의지 등과 관계된다. 객관적 정신은 타자와의 관계 속에 있는 인간의 측면인데, 법적·도덕적 "옳음"과 연관되어 있다. 절대 정신은 예술, 종교, 철학에 관계하고 가없는 정신이 아닌 "무한자", "자기소외에서 다시 자기자신으로 회귀한" 무한자이다. 정신의 세 측면은 이렇게 해서 하나가 된다.

서구 문화는 항상 정신과 물질을 확연하게 구별해왔다. 따라서 영혼과 몸, 또는 영과 육이 충돌할 수밖에 없었다. 이 구별은 성서기반 종교에서 영과 육이 화해할 수 없는 이원론으로 치달았다. 기독교에서 몸과 영혼은 대립하는 실체다. 몸이 죽어도 영혼은 어떤 조건이 되면 계속해서 산다. 우리의 정신속에서 내전이 벌어진다. "정신은 원이로되 육신이 약하여" 육신의 죄가 영혼을 위험에 빠뜨리고 죽이기도 한다. 육체가 연단과 징벌을 받고 그 욕망을 눌러야 영혼이 번성하고 자유를 얻는다.

영혼이 홀연히 나타나는 것에 대해 여기서 왈가왈부할 자리는 아니다. 또 기독교 삼위일체의 삼위인 성령을 논할 자리도 아니다. 창세기에서 영혼은 최초의 인간에게 불어넣어진 것이다. "하나님이 땅의 흙으로 사람을 지으시고 생기를 그 코에 불어넣으시니 사람이 생령이 되니라." 베다의 프라나*prana*(생명편)와 이야기가 흡사하다. 초기 인류의 신앙 형태인 물활론(애니미즘)과 범신론에서는 생명이 있고 없고를 막론하고 만물에 영혼이 있다고 믿었다. 이처럼 넓은 의미에서 물질의 외형을 초월한 "생명력"을 말하는 사람들이 있다. 루미는 이렇게 썼다. "기독교도, 유대교, 회교도, 주술사, 조로아스터 교도, 돌, 땅, 산, 강에는 각기 비밀스러운 존재 방식이 있다."

누구에게 "정신이 있다"라는 말은 힘, 격정, 용기, 인내, 고집 등이 있다는 뜻이다. 누군가를 영적인 사람이라고 말한다면 그는 헤겔의 "절대적 자아"처럼, 자신을 초월하는 여행을 마치고 돌아온 사람이다. "정신"이라는 말은 대체로 은유로 쓰이지만 "사유"나 "상상" 못지않게 의미가 풍성하다.

우리는 신의 뜻을 알 수 있을까?

우리는 "신"이라는 단어에게 막다른 골목에 부닥친다. 이 단어는 온갖 종교, 문화권, 또 그 안의 수많은 사람들에게 무한 분열하다가 마침내 무의미해졌다. "신"이란 단어는 증명할 수 없는 개념이므로 무신론자들에게는 의미가 없다. 철학자 마르틴 부버는 놀랍게도 "무신론자들은 그릇된 신 이미지에 매어 있는 신앙인보다 오히려 더 가까이에서 신을 응시한다"라고 말했다. 오해, 왜곡된 교리, 설익은 신학, 길 잃은 철학에서 궁극의 근본을 언급할 때 신이라는 단어를 사용하는 일은 신성모독에 가깝다. 부버의 의견에 따르면 "신"은 "말 중에 가장 골치 아픈 말이다. 그렇게 더럽혀지고 손상된 말은 없다… 이러한 연유로 나는 그것을 버리지 못한다." 부버는 이러한 말의 오염이 곧 "신의 실추"로 이어진다고 믿었다.

폴 틸리히는 "신"을 "우리 존재의 기초"라고 함으로써 이 말의 의미를 회복시켰다. 틸리히를 통해 "신"은 다시 만인 공통의 기초가 돼 사고의 지반이 되어주었다. 문제는 십자군, 전쟁, 선교, 종교재판 따위가 늘 있었다는 것이다. 그 와중에서 신학이 만들어낸 신개념을 가지고 다르다, 또는 너무나 다르다는 이유로 사람들이 고통받고 죽어갔기 때문이다. 신은 누구인가, 신은 무엇인가에 대한 견해가 이처럼 제각각인 것을 보면 신의 이미지는 사실상 우리 자신이 만든 것이다. 러디어드 키플링의 실망도 이해할 법하다. "하나인 셋, 셋인 하나? 천만에! 나는 나의 신들을 향해 가겠다. 차라리 그편이 당신들의 냉정한 그리스도와 혼란스러운 삼위일체보다 더 큰 평안을 줄 것 같다."

"신학에서 이야기하는 신은 존재들과 공존하는
존재이며, 그래서 전체의 신은 전체에서 가장 중요한
부분으로 간주되지만, 어디까지나 부분이며, 그렇기
때문에 종속되어 있다… 그는 나름 세계가 없는 자아,
생각과 관계된 자아, 그 결과와는 무관한 원인,
일정 공간과 무한 시간의 존재로 간주된다.
그는 어떤 한 존재일 뿐 존재 자체는 아니다."

폴 틸리히(1886~1965)

다종교, 다문화 환경에서는 "신"이라는 말이 다시 힘을 얻을 것
같지는 않다. 우리가 "신"이라는 말로 같은 것을 이야기하고 있다는
확신에 이르기 어렵다는 얘기다. 종교들이 선교를 통해 하나의, 공
인된 신 개념을 따르도록 사람들을 설득하지만 않으면 문제 될 것
이 없다. 1세기 유대인 치고 진보적이었던 요세푸스의 "모든 사람은
권력의 강요를 받지 않고 자기 기호에 따라 신을 섬겨야 한다"라는
주장은 옳다. 사람들이 기성 종교 안에서도 자신의 기호를 따르고,
"신"이란 단어의 의미에 관해 전진적 합의에 이를 수 있다면 더욱 그
럴 것이다. 신과의 일치라고 할 때, "신"의 의미는 여전히 주관적이
며 개인적이다.

"신"이라는 단어는 어떻게 사용하더라도 같은 것을 지칭한다

고 이야기하기도 한다. "신"의 의미는 그 범위가 매우 넓어서 설령 정반대의 의미라 해도 포용하며, 모든 사물의 중심에는 부동의 동인, "제1원인", "생명력", "두려운 신비*mysterium tremendum*", 곧 모든 것의 창시자이자 지지자가 있다는 믿음으로 귀결되기 때문이다.

신이 정말 있을까?

과거의 논의는 "신"이라는 단어의 의미야 여하간에 신은 일단 존재한다는 전제가 깔려있다. 논쟁은 계속되고 있다. 최근 리처드 도킨스는 『만들어진 신』에서 이 쟁점을 정면으로 다룬다. 신이 없다고 말하는 사람들은 궁극의 존재, 또는 성서가 말하는 창조주에 관한 객관적인 증거가 없다고 주장한다. 요즘의 진화생물학과 천체물리학은 시작동인을 설정해서 신 개념을 포섭한다. 이 시작동인은 옛날의 전능자 신에 해당한다. 볼테르는 "신이 존재하지 않는다면 신을 발명할 필요가 있다"라고 말했다. 신이 배태된 것은 아마도 인류 시조들이 두렵고 절박한 마음으로, 척박한 환경을 이해해서 어떻게든 살아남으려고 발버둥치고 저 높은 존재의 도움을 갈구하며 질문을 시작한 때가 아니었을까?

  초기 인류의 원시신앙은 신실했다. 그러나 인지가 발달하자 마치 내기하듯 신이 있느니 없느니 갑론을박하기 시작했다. 프랑스의 철학자이자 수학자인 블레즈 파스칼은 이런 내기로 유명하다. 그는 이성으로는 신의 존재를 증명할 수 없으므로 짐짓 신이 있는 것처럼 행동하라고 제안했다. 그러면 얻으면 얻었지 잃을 것은 없기 때문이라는 것이다. 알베르 카뮈도 같은 견해였다. "나는 신이 없다고 믿고 살다가 죽어서 그렇지 않다는 사실을 알기보다는 차라리 신이 있다고 믿고 살다가 죽어서 그렇지 않다는 사실을 아는 편을 택하겠다." 그러나 신의 존재 여부를 두고 내기 식으로 생각하는 것은 진지하지 못한 처사이다. 이 문제로 갑론을박하는 사람들은 대부분 신을 시험하는 이 같은 불가지론이 못마땅할 것이다. 불가지론(168쪽 '불가지론은 타당한가?' 참고)은 곧 마음을 여는 것이기 때문이다.

. . . .

"신이 있는지 없는지는 잘 모르겠다.
하나 존재하지 않는 편이 명성에는 나았을 텐데."

쥘 르나르(1864~1910)

. . . .

사도신경을 보면 "신을 믿는다"라는 신앙고백이 나오는데, 무신론자들은 싸잡아 미혹이라고 생각할까? 경험은 왈가왈부 따질 수 있는 것이 아니라는 말이 있다. 여기에 우리의 대안이 있을 것도 같다. 어떤 경험이 맞는지 "물증"을 문제 삼는 경우가 아니라면 그냥 인정할 일이다. 우리의 질문 자체가 그릇된 것일지도 모른다. 신을 두고 "실존"을 따지는 것은 완전히 잘못 짚은 것일 수 있기 때문이다. 신이 있다 없다를 문제 삼기보다 신이 말없이 우리에게 다가와 우리를 일으키는가를 문제 삼아야 한다. 루돌프 오토는 "다른 존재"를 직감하는 "신비"를 이야기한다. "뭔가" 우리를 건드렸음을 느끼지만 그 존재를 확인할 수는 없는 체험 말이다. 그것은 미적 체험일 수도 있고 공기의 스침 같은 것일 수도 있고, 또는 내 자아의 일부가 깨어나는 것일 수도 있다. 이러한 경험은 그것을 아는 사람들과만 공유할 수 있다. 그렇지만 우리는 이러한 경험을 그냥 신과 연결지어도 된다고 쉽게 생각한다. 많은 사람들이 경험하는 이러한 주관의 영역은 기록과 강령으로 뒷받침되지만 그래도 신이 있다는 증거는 되지 못한다. 직관이 실마리가 될 수도 있다. 영민한 도박사 파스칼이 "가슴은 이성이 모르는 이유를 갖고 있다"라고 갈파했다.

신은 인격적 존재일까?

사람들은 신을 어떻게 생각할까? "전능하신 하나님", "우리 아버지", "주", "예수 그리스도" 등 예배와 기도에 쓰이는 호칭에서 그 일단을 짐작해 볼 수 있다. 모세가 신에게 누구냐고 물었을 때 신은 "나다 I am"라고 대답했다. 다시 말하면 그는 "존재하는is"자다. 사도 바울은 "영원한 하느님"이라고 불렀다. 유대인들은 신은 너무 신성해서 감히 입에 올릴 수 없는 대상으로 여겼다. 그래서 성서에는 네 개의 자음으로 표기했고 이를 영어로 옮긴것이 YHVH 또는 YHWH이다. 여기에 모음을 붙여 "Yahweh(야훼)"라고 쓰고 여기에서 여호와

Jehovah가 나왔다. 이슬람교에는 동정심의 아라만*Ar-Rahman*, 복수의 알문타킴*Al-Muntaqim* 등 알라의 속성을 대표하는 "가장 아름다운 신의 이름 아흔아홉"이 있다. 힌두교에서 바그완*Bhagwaan*은 "하느님", 이스바*Ishvar*는 우주의 통치자, 파라마트마*Paramatma*는 최고의 영이다. 브라마, 비슈누, 크리슈나, 라마 같은 이름은 그래도 친숙한 편이다. 불교도들은 천신*devas*(인간보다 높은 경지의 존재)이 실재한다는 것을 받아들이지만 불교는 비유신론으로, 주동자로서의 신 개념이 없다. 따라서 "누구" 또는 "무엇", 즉 인격적 존재인가 비인격적 존재인가는 문제되지 않는다. 실존 인물인 붓다는 영적 창시자, 보살, "깨달은" 자의 속성을 지닌다. 그는 자력으로 열반을 얻었고, "깨달은 자" 즉, 붓다의 드러나지 않는 측면인 다르마카야*Dharmakaya*의 화현으로 이해된다. 붓다는 "누구"라고 물을 수 있는 실존 인물이었고, 그의 제자들에게는 정신적 모범이었다.

신이 "누구", 즉 인격적 존재인 사람들이 있는가 하면 속성과 특질을 논할 수 없는 추상적 존재인 사람들도 있다. 인격화 신이라도 말에 담길 수 없는 구석이 있다. 그래서 명사와 대명사로 그 부분을 붙들기도 한다. 절대적, 보편적인가 하면 또 상대적, 개인적인 신 개념 안에서 적절히 긴장을 유지하며 신앙의 끈을 놓치지 않는 것이 어느 종교에서나 화두이다.

종교와 신앙도 진화한다는 점에서 세상 만물과 별다르지 않다. 유대교의 천재성은 다신교의 온상에 일신교의 씨앗을 뿌린 데 있다. 기독교의 천재성은 성육신 개념에 있다. 즉 보이지 않는 존재를 보이는 존재로, 알 수 없는 존재를 알 수 있는 존재로 만든 것이다. 성육신은 가장 완벽한 인격화이다. 서구 문화권은 신을 인간으로 생각할 수 있게 했고, 나아가 신을 인간이 접근할 수 있는 존재로 만들었다. 요컨대 "하늘에 계신 우리 아버지…"는 육화한 영, 즉 "무엇"이면서 "누구"가 됐다.

우리는 신의 형상대로 "만들어"졌을까?

성서기반 종교에서 인간은 신의 형상을 따라 지어졌다. 이러한 관념은 「창세기」의 창조 신화에서 비롯하지만, 성육신으로 묘사되는 예수의 탄생 신화에서도 반복된다. 1장에서 인간은 신과 닮았고, 2장에서는 신이 인간의 형상을 하고 있음을 확인할 수 있다. 「창세기」는 인간 창조를 두 가지로 설명한다. 2장 7절에는 "여호와 하나님이 땅의 흙으로 사람을 지으시고 생기를 그 코에 불어넣으시니 사람이 생령이 되니라"라고 쓰여 있다. 5장 1절에는 사람의 계보가 나온다. "이것은 아담의 계보를 적은 책이니라. 하나님이 사람을 창조하실 때에 하나님의 모양대로 지으시되"라는 말은 아이가 부모를 닮듯이 우리가 신을 닮았다는 뜻이다.

창세기 신화가 말하는 것은 우리가 신의 외형을 닮았다는 것이 아니다. 「요한복음」 4장 24절에서 예수가 "하나님은 영이시니 예배하는 자가 영과 진리로 예배할지니라"라고 말한 때부터 인간이 신의 형상으로 지어졌다는 점에 다른 해석의 여지가 생겼다. 창조를 근본주의적 시각으로 보는 사람들은 이 구절을 글자 그대로 받아들인다. 그런가 하면 영적 닮음에서 신의 본성을 찾는 관점을 취하는 사람들도 있다. 우리는 아이가 자라듯 영성이 자라기를 갈망한다. 우리는 신을 그대로 찍어낸 복제품이 아니다. 성서 신학에 따르면 우리는 한 사람 한 사람이 단 하나뿐인 존재이며 개개인이 갖고 있는 형상에는 신의 모습이 다양하게 변형되어 찍혀 있다.

- -

"질문 3. 신이 인간을 창조할 때 그에게 입힌 신의 모습은 어디에 있는가?

대답 1. 부정: 닮은 외모에 있는 것이 아니다. 신에게 일정한 형태의 몸이라도 있다는 말인가.

대답 2. 긍정: 인간의 영혼과 신의 내적 닮음에 있다. 지식, 정의, 거룩함이 그것이다."

토머스 빈센트(1634~1678)

- -

신의 형상을 따라 지어졌다는 생각은 신학상의 역설이다. 전통 신학은 "육신의 죄"가 우리의 모습을 망가뜨린다고 생각했다. 영의 문제는 육신 때문이다. 그런데 우리가 신의 형상을 따라 만들어졌다면, 한 사람 한 사람이 육화된 존재이다. 즉 아담이 창조되었을 때 영이 육화된 것이고 "두번째 아담"인 나사렛 예수가 인간으로 태어났을 때에도 영이 육화된 것이다. 게르하르트 폰 라트의 말대로 영육 이원론을 무시하는 것이 상책이다. "되도록 육과 영을 나누지 않는 것이 좋다. 그 사람 전체가 신의 형상을 따라 지어졌기 때문이다."

동양의 창조설화와 신의 모습은 훨씬 다채롭다. 힌두교를 보면 브라마가 시작한 창조는 아직 진행 중이다. 모든 사람의 영적 발전이 그 창조 과정을 이룬다. 피조물의 형상은 집단적이다. 모든 사람의 몫이 모여 모자이크를 이루는 형국이다. 불교도는 붓다의 특성을 갖고 태어나지만 이것은 오해, 욕망, 망상으로 가려져 있다. "자각" 과 "깨달음"은 본래의 참 나를 드러내는 순간을 말한다.

우리에게 신의 모습이 있다면 현재의 우리는 그 기준에 훨씬 못 미친다. 신의 "모습"이 무엇을 말하든 그것은 잠재해 있다. 메리 데 일리는 "인간에게 잠재하는 창조력이 곧 신의 모습"이라고 말한다.

신은 자연의 총체일까?

그리스어로 "모두"를 뜻하는 판*pan*과 "신"을 뜻하는 테오스*theos*가 조합된 "범신론*pantheism*"은 "만유가 곧 신"이라는 의미다. 이것은 두 가지로 해석할 수 있다. 우주나 자연과 분리된 절대 신성은 없으며 '나'를 포함한 보이는 일체가 신이라고 보는 관점이 있다. 또 신이 따로 있되 만물에 내재하며 그런 의미에서 물질 세계 전체는 신의 체현이라고 보는 관점이 있다. 후자의 관점을 "만유내재신론" 또는 "만물신"으로 표현하기도 한다. 신앙으로서의 범신론은 일종의 물활론animism("영혼" 또는 "생명"을 뜻하는 라틴어 anima에서 나옴)이다. 즉 물질계, 비물질계와 모든 자연현상에는 영 또는 정신이 깃들어 있다는 철학적, 종교적 사상이다. 차이점이라면 만유내재신론은 다수의 영이 있다고 생각하지 않고 생명을 불어넣는 단 하나의 영속적인 힘이 있다고 생각한다. 이렇게 영이 내재한다는 관념이 원시 사회의 신앙에 섞여 들어갔다. 동서양 관념의 역사 곳곳에서 만물에 영이 깃들어 있다는 생각을 만날 수 있다. "신은 만유에 내재하는 원인이지, 스쳐지나가는 원인이 아니다"라고 바뤼흐 스피노자는 썼다. 『리그베다 *Rig Veda*』[인도에서 가장 오래된 브라만교 근본 경전]는 "브라만은 만유가 들어 있는 태아다. 일자가 여럿으로 화현하고, 무형은 형태를 입는다"라고 기록한다.

· ·

"나는 신을 믿는다.
그것을 단지 자연이라고 쓸 뿐이다."

프랭크 로이드 라이트(1867~1959)

· ·

만물이 서로 의존하고 연관되어 있다는 관념은 다양성이 조화를 이룸을 의미한다. 제논은 "신은 세계의 영혼이며 한 사람 한 사람이 성스러운 불 한자락을 머금고 있다. 만물은 자연이라고 하는 단일 체계의 부분들이다"라는 의견을 제시했다. 신은 전체 자연이라는 주장은 매혹적이다. 신이 자연과 별개이면서 자연 안에 있다면, 거기에는 신인 동시에 어떤 대상이라는 이중성의 문제가 생긴다. 이러한 이중성은 거의 모든 종교들이 직면하는 문제이다. 인도의 철학자이며 신비주의 시인 알 카비르는 "만물에 깃든 분만 바라보라. 자칫하면 삿된 길로 빠진다"라고 경고했다. 스피노자는 만유내재신론을 이야기하는 바람에 유대 교단에서 파문당했다. 그는 "신은 일체며, 일체는 신이다"에서 자연종교에 가까운 철학을 표현했던 것이다. 도교는 자연을 범신론의 관점에서 보는 종교적 철학으로 유일하게 "인정"받았다고 할 수 있다. 기원전 4세기 무렵에 살았던 장자는 이렇게 말했다. "우주와 나는 공존하고 만물과 나는 하나다. 만물을 하나로 생각하는 사람은 자연의 동반자다."

신은 전체 자연이라는 관념은 우리에게 해방감을 준다. 종교라는 제도적 틀, 교리에서 벗어나 자연에서 의미, 예컨대 초월적 정신이나 과학 또는 수학의 미를 느끼게 해준다.

다윈주의는 곧 신의 죽음을 뜻하는 걸까?

니체의 드라마는 절박하게 신을 찾는 광인에서 시작된다. 그는 "신이 어디로 갔는지" 알고 싶어한다. 니체는 이 우화를 통해 현대인의 가슴 속에서 신은 죽었다고 말한다. 합리주의와 과학이 신을 살해했다는 것이다. 니체가 신의 죽음에 책임이 있다고 한 "과학"의 본령은 다윈의 진화론이 아니었을까? 『인간의 유래Descent of Man』(1871)는 성경의 내용을 뒤흔드는 생각을 세상에 내놓았다. 하나님이 엿새 만에 우주를 창조했고, 자신의 형상을 따라 사람을 지은 데서 창세의 절정에 이르렀다는 생각은 송두리째 흔들렸다. 기독교계는 인간이 침팬지에서 진화되어 나왔고 신은 죽었다는 생각에 맞닥뜨렸다.

"신은 어디로 갔는가?" 그가 외쳤다.
"나는 이렇게 말하겠다. 우리가 그를 죽였다. 당신과
내가. 우리는 살해자다… 신들도 분해되어간다.
신은 죽었다. 신은 죽은 채로 있다."

프리드리히 빌헬름 니체(1844~1900)

인간의 상황도 다르지 않았다. 사회심리학자이며 철학자인 에리히 프롬은 "19세기의 문제가 신의 죽음이었다면, 20세기의 문제는 인간의 죽음"이라고 말했다. 합리주의와 과학이 신과 신앙에 대한 전통적인 생각을 위협하자 문화에도 큰 변화가 닥친 것을 이야기한 것이다. 문제는 신의 죽음과 신앙의 소멸이 아니라 그 둘에 관한 우리의 관점이 변했다는 데 있다. 신의 죽음은 오해의 죽음이며, 그 오해를 만들고 유지해온 문화의 죽음으로 바라보게 된 것이다. 니체와 합리주의와 과학은 실존주의와 세속주의의 물꼬를 텄고, 그 과정에서 죽은 것은 바로 구태의연한 개념들을 품어준 문화 환경이었다.

성경의 신화 요소를 줄이고 그 아래에 있는 역사를 끄집어내고자 하는 종교계의 시도가 이러한 상황변화를 단적으로 말해준다. 디트리히 본회퍼가 누누이 주장한 "탈종교적 기독교"로 옮겨가기 시작한 것이다. 이러한 움직임은 어느 종교도 피할 수 없다.

육화한 신이라든가 그 아류인 신인동형설은 순수 정신으로서의 신, 즉 신학이나 교리에 포섭되지 않는 무엇이라는 관념으로 바뀌었다. 진화생물학은 이러한 생각마저도 공격하지만 수많은 사람들의 의식 속에는 이러한 관념이 여전히 살아있다. 이것은 어브 컵시넷의 "신은 죽었고 엘비스는 살아 있다고 말하는 사회에 무슨 말을 할 수 있겠는가?"라는 반문과 맥을 같이 한다.

우리의 정신도 몸처럼 진화한 걸까?

인간의 정신이 진화해 왔다는 생각은 여러 가지가 있다. 순환적 우주론이 일반적이라면 좀 특수한 것으로는 후성설이 있다. 후성설[생물의 발생은 점차적 분화에 의한다는 설]은 원초적인 창조동인이 있고 이것이 인류발전의 근원인데, 인간의 정신이 그 거처라는 철학, 또는 신학의 가설이다.

순환적 우주론이 말하는 영적 진화는 몇몇 고대문화권의 전통, 즉 종족의 집단기억이나 낙원의 신화에 담겨 있는 '황금시대의 추락'에 발 딛고 있다. 우리는 한 바퀴를 돌아 "되찾은 낙원"에 이르게 되어있다. 힌두교의 4유가 또는 "세대"가 그러한 예이다. 인간의 영적 진화는 신에게서 멀어져 타락하는 암흑기, 칼리 유가에서 다른 유가를 지나 세계의 황금기, 사트야 유가에 이르고 여기에서 다시 순환이 시작된다. 힌두교의 교사며 즈나나바타(지혜의 화신)로 존경받는 스와미 스리 유크테스와르는 이렇게 썼다. "칼리의 암흑시대는 오래전에 지나갔고 이제 세계는 영적인 지식을 구하고 있다." 불교, 마야의 우주론, 이삭 루리아의 신비주의에서도 역시 "거대한 규모"의 영적 진화 개념이 있다.

후성설의 영적 진화 개념은 개인이나 집단이 현재진행형의 창조 과정에 동참하고 있다는 믿음에 기대고 있다. 즉 이미 창조된 것 위에 나의 몫을 쌓아 올리고, 이때 나의 몫은 나의 영성에 좌우된다. 우리는 영적으로 진화해서 나 자신의 창조적 지능을 의식하게 된다. 이러한 자각이 뚜렷할수록 내가 더한 몫은 모방이 아닌 창조가 될 가능성이 많아진다. 후성설이 작동해야만 영적 진화가 일어나고 그렇지 않으면 영적 퇴보가 일어난다. 인간의 영적 진화는 육체의 진화와 연결된다. 그 과정에서 우리의 의식은 진화해서 자신의 영성 및 다른 추상적 과정에 개입할 수 있게 된다. 마이클 모이어는 『과학적인 미국인Scientific American』에서 이런 관점을 드러냈다. "종합하면, 인간 사회라는 정원을 번성하게 한 진화적 적응은 신에 대한 믿음에 비옥한 토양이 되었다."

원시 사회와 비교하면 지금이 더 발전되고 세련되었으며 더욱 인간적이라는 판단이 가능하다. 옳은 말이다. 우리는 영적으로 진화해서 예술, 기술, 과학을 통해 창조에 크게 기여했다. 하지만 현 문명에서 무자비함을 제거하는 데 영적 진화는 이렇다 할 역할을 하지 못했다. 우리는 조상들보다 덜 폭력적이지도, 환경에 대해 더 겸손하지도 않다. 한마디로 인간은 단순한 형태의 생명체에서 영적 잠재성을 자각하는 지적인 창조자로 진화했다.

진화는 전체적이다. 우리는 영적으로만 발전하는 것이 아니라 다양한 측면이 복잡한 관계를 이루며 동시에 발전한다. 켄 윌버는 영적 진화가 의식의 진화와 뒤엉켜 있다고 말한다. 그는 모든 사람이 제대로 진화해서 성숙하고 이성적이며 책임감 있는 에고가 되면 근본적이고 전면적인 지각변화가 일어날 것이다. 모두가 상대의 자아를 선선히 자발적으로 존중해줄 수 있는 수준이 되는 것이다. 바로 이 지점이 "역사의 모퉁이"이다. "진정한 새 시대가 올 것이다"라고 생각했다.

나에게 영혼이 있을까?

영혼은 망상이라고 여기는 사람이 있는가 하면 삶의 근간으로 보는 사람도 있다. "영혼"은 "신"만큼 타락한 단어다. 다양한 의미를 잔뜩 담을 수 있는 단어가 매양 그렇듯 우리는 '영혼'이 가리키는 바를 놓쳐버렸다. 소크라테스는 영혼이 삶의 목적을 이해하는 도구라고 생각했다. "삶의 목표는 신과 같아지는 것이다. 그러면 신을 따르는 영혼도 신과 같아질 것이다." 소크라테스는 영혼의 불멸성을 지키고 가꿔야 한다고 말했고, 플라톤은 철학자도 의사처럼 영혼의 건강과 안녕을 돌봐야 한다고 주장했다. 성서기반 신학의 발달에 상당한 영향을 준 그리스 전통은 영혼을 신의 지성이 개인에게 배분된 것으로 보았다. 그래서 우리 인간은 (다른) 동물과 구별된다는 것이다. 인간의 이 "부분"만큼은 불멸하며 초월적이다. 그것은 정신과는 다른, 정신 이상의 무엇으로 그 덕분에 우리는 사물의 본성을 이해할 수 있다는 것이다. 아리스토텔레스에게 영혼은 육체의 형식이고 육체는 영혼의 질료이다. 이러한 생각은 히브리 종교에까지 이른다. 히브리어 네페쉬*nephesh*는 구약에서 "영혼", "생명", "생명의 숨결"로 번역했고 잠언에는 "사람의 생명의 숨결은 마음속 깊은 곳을 밝히는 주의 등불이다"라는 구절이 있다. 그러나 유대교는 영혼과 육체를 분리해서 생각하지 않는다. 사람을 다양한 생명력이 결합된 개체로 보는 것이다. 몸은 영혼이 거하는 사원이며, 영혼의 육화이다. 영혼을 육체가 죽은 후에도 살아남는 부분으로 보는 기독교의 관점은 이 같은 생각을 발전시킨 것이다. 성 마태는 "사람이 만일 온 천하를 얻고도 제 영혼을 잃으면 무엇이 유익하리오"(「마태복음」 16:26)라고 생명의 중요성을 지적했다.

. . . .

"당신은 영혼을 가진 것이 아니다. 당신이 영혼이다.
그리고 육체를 가졌다."

C.S. 루이스(1898~1963)

. . . .

"영혼"이라는 말이 우리의 지속되는 본질을 가리키는 것은 틀림없다. 즉 불교의 『아바다나*Avadanas*』[인도에 전하는 율장 서적]에서는 타고난 무엇으로 설정한다. "꽃의 본질은 향기이고, 참깨의 본질은 기름이다 … 사람에게는 본디 영혼이 있다는 사실을 현명한 사람은 안다." 종교들은 개인의 영혼을 플라톤 철학의 "세계영혼", 편재하는 신, 보편의 정신, 낭만주의가 말하는 영혼과 자연의 합일 따위보다 큰 영적 실체의 부분이거나 그와 연결돼 있다고 생각한다. 합리주의는 영혼을 별도의 실체로 인정하지 않지만 영혼의 속성인 의지, 활력, 기쁨, 정신력, 기억 따위는 인정한다.

영혼이 정신에 속하는 것으로 보든 아니든 육체가 죽은 후에도 영이 살아 있다면 좋겠지만 그 증거를 이승에서는 찾을 수 없다. 그렇더라도 우리의 자의식은 라마 애나가리카 고빈다가 "깊이 숨어 있는 존재의 우물"이라 한 본질적 무엇을 우리 내면에서 감지한다. 우리의 "영혼이 위대한 것은 불멸성 때문이 아니다. 영혼이 변해서 우리 존재가 전 우주의 온갖 음향으로 충만해지기 때문이다."

죽으면 영혼은 어디로 갈까?

모든 종교는 "선한" 영혼에는 최종 목적지가 있다고 가르친다. 천국, 낙원, 아버지의 집, 하느님의 처소, 하느님의 나라, 신의 도시, 발할라, 엘리시안 필즈, 아발론 등이 선한 영혼의 종착지이다. 열반, 유토피아, 영원한 천상의 행복, 황홀경처럼 추상적인 이름도 있다. 반대로 "죄 많은" 영혼은 악령과 함께 지하세계, 지옥, 하데스, 나락, 초열지옥, 죽은 자의 처소, 디스, 아베르누스 호, 타르타로스, 에레보스, 스칸디나비아의 니플하임, 힌두교의 나락가, 또는 불교의 아비치 지옥 등에 떨어진다. 지옥은 끝나지 않는 고통이나 고뇌를 나타내는 개념으로도 쓰인다. 조로아스터교의 심판의 다리, 가톨릭의 연옥, 유대교의 황천, 힌두교와 불교의 저승같이 영혼이 심판을 기다리는 중간 단계도 있다. 이곳에서 영혼은 탄생, 죽음, 환생으로 이어지는 긴 순환에서 완전히 벗어날 때까지 계속해서 환생을 기다린다.

천국은 악인이 자기 얘기로
당신을 괴롭히는 일이 멈추는 곳이며,
선한 사람이 당신 이야기에 귀 기울이는 곳이다.

앰브로즈 비어스(1842~1913)

흔히 죽은 뒤에도 나의 어떤 부분은 계속 남는다는 생각을 하는데, 그것을 "영혼" 또는 본질적 자아라고 부른다. 내게 영혼이 있다고 치자. 그러면 내가 죽으면 내 영혼은 어디로 갈까 생각하게 된다. 이때 내가 죽은 뒤에도 남는 것이 있는지도 문제지만, 영혼이라는 실체가 어떻게 합당한 목적지에 이르는지도 자연 궁금해진다. 이런 문제를 생각할 때 보존과 계속의 원리, 즉 유전의 개념을 생각하게 된다. 물리적인 차원에서 보존의 원리는 아무런 문제가 없다. 개체에서 개체로, 종에서 종으로 물리적 특질이 이어지는 것은 유전 코드로 설명되기 때문이다. 이것이 바로 신체적 혹은 생물학적 "기억"이다. 그런데 전생을 기억하는 사람들이 있다. 이런 사람들이 말하는 전생이 사실로 확인되기도 한다. 예를 들어, 영혼을 치료하는 상담가 랍비 요나산 게르솜은 홀로코스트가 있고 한참 뒤 태어났지만 그 경험을 이야기하는 내담자들의 사례를 기록했다. 라마승 고빈다는 기억은 "형태를 그대로 보전하는 힘이자 형태를 만들어내는 힘"이라고 했다. 그는 의식의 한 측면인 기억은 "아직 분화되지 않아 무엇이든 될 수 있는 생명의 씨앗을 붙들고 있다. 이것이 새로 태어나는 개체의 물적 기초"라고 주장했다. 이러한 형태의 지속, 곧 환생이 티베트 불교의 근간이다. 과학적 회의론자들은 신이나 영 따위는 망상이라고 주장하며 환생 개념을 거들떠보지 않는다. 하지만 내세에 대해 긴가민가하는 우리 보통사람들에게 환생은 귀가 솔깃해지는 그럴듯한 개념이다.

태어나면 그냥 죽는 걸까? 죽은 후에 영, 영혼, 의식 또는 기억이 환생할 수도 있다면 얼마나 좋겠는가! 환생 개념이 서양보다 동양에 쉽게 자리 잡았음은 매우 흥미롭다. 인과법이라 할 불교의 업보 개념이 한몫했다. 업보라는 작용과 반작용의 연쇄 속에서 죽을 때 못다한 일을 넘겨받고 후생에서 그것을 마무리할 기회를 얻는 것이다. 이는 영혼이 살아 있을지라도 죽음은 삶의 끝이라는 서양의 생각과는 완전히 다르다. 환생은 오래된 개념이다. "후생이 정말 있으며, 죽은 자에서 산 자가 나오며, 죽은 사람의 영혼이 정말 있다고 나는 확신한다." 세상에, 이 말을 한 사람이 소크라테스라니 놀랍다!

영적인 삶이란 무엇일까?

영적이라는 말은 물질적인 것 너머의 현실을 말하며, 물질 법칙의 지배는 받지 않지만 물질계 안에 우리에게 영향을 미치는 또 다른 차원 또는 에너지가 있음을 암시한다. 영적인 삶은 "다른 차원" 또는 "절대자"에 대해 깊이 생각함으로써 이런 에너지를 얻는 일이다. 영적인 삶의 방편으로 기도, 명상과 묵상 또는 유대교, 기독교, 회교의 일상 의례나 기도 등이 있다. 영적인 삶이 꼭 종교를 전제할 필요는 없다. 이때의 영적 삶이란 물질세계를 초월하지 않고 이 땅에서 목적과 방향을 찾고 영감을 얻는 일이 될 것이다. 영적인 삶에 신이 필수는 아니다. 미적인 삶도, 도덕적인 삶도 얼마든지 영적인 삶이 될 수 있다. 여기에 종교색채의 경외가 끼어들 수도 있지만 그것은 어디까지나 '나'에 대한 앎이 깊어진 결과이다. 기성종교, 신학, 종교 실태에 환멸을 느낀 사람들이 그래도 영적인 삶을 사는 근거는 우리 존재가 전 우주와 연결되어 있다는 생각 때문이다. 이러한 느낌은 두려운 신비*mysterium tremendum*의 빠질 수 없는 부분, 불교에서 "연기緣起"라고 하는 인과 연쇄의 없어서는 안 되는 고리이다.

영성은 모든 종교의 핵심이며 따라서 특정 종교의 독점물이 될 수 없다. 영성이 종교의 옷을 입으면 구원과 깨달음으로 가는 지름길이 된다. 그러나 영성을 북돋아야 할 교리, 신학, 종교의식 등이 오히려 영성의 족쇄가 되기도 한다. 그래서 어떤 사람의 영성이 구원이나 깨달음의 경지에 다다랐을 때 종교의 덕분이기보다는 그것을 극복한 결과일 때도 있다. 동양 종교의 영성 개념은 보다 유연하다. 여기서의 영성은 앞으로 나아간 인식이다. 이러한 인식의 심화는 기성의 신앙 체계에 의지하지 않고 개인이 결단한 화두에 의거한다. 한점을 꿰뚫는 "홀연한 앎"을 넓혀가는 것이다. 즉 "하느님의 은총"을 구하지도 않으며 중개자도 없으며 외부의 도움도 없고 오직 나의 의지만 개입된다. 램 다스는 말했다. "영적인 여정은 개별적이며 지극히 개인적이다. 타자에 의한 조직이나 통제 따위는 있을 수 없다. 길은 하나일 수 없다. 각자 자신의 진리에 귀를 기울여라."

어떻게 살아야 영적인 삶인지 알고 실천하고자 할 때 우리는 겸손하다 못해 상황을 너무나 복잡하게 만드는 경향이 있다. 신학과 신비주의를 덧씌우고, 온갖 교의와 권위로 무장하고 영과 육, 물질과 영, 성과 속, 심지어 선과 악 따위를 구분하느라 법석을 떨다 그만 길을 잃고 만다. 칼루 린포체는 말했다. "우리는 사물의 외형과 망상 속에서 산다. 현실은 하나다. 우리가 현실이다. 이것을 이해할 때 당신은 자신이 아무것도 아님을, 또 아무것도 아님으로써 전부임을 알게 될 것이다. 그것이 전부다."

신이 없다면 뭐가 달라질까?

신이 없다는 주장은 19세기에서 20세기로 이어진 "실존주의" 등장과 궤를 같이한다. 실존주의는 지식을 다루기보다 존재를 철학적으로 탐구한다. 삶의 의미와 목적을 찾는 것은 전적으로 개인의 몫이며, 각자 상황이 있고 그 속에서 각자 경험한다. 이전에는 신이 삶의 의미를 제공했다면, 세속화와 그 안에서 배태된 실존주의 덕택에 우리는 생각의 자유를 얻었다. 결국 우리 정신은 형이상학의 통제에서 벗어나 다른 기준을 찾아 나선 것이다. 이 과정에서 "신은 죽었다!"라는 니체의 선언이 예언했듯이 신은 사라졌다. 그렇다고 종교가 끝난 것은 아니다. 모든 것은 자기에게 달렸다는 실존주의의 기본 생각에 대해 많은 종교적 답이 나와있고, 또 불교는 자각에 중점을 두고 허상을 타파하는 실존주의적 종교다. 어쨌든 안건은 "참" 존재, 참 나가 되는 것이다. 신은 있다고 믿을 수도 있고, 없다고 결론지을 수도 있다.

"이제는 신의 존재가 아니라 신의 부재가 인간을
안심시킨다. 매우 이상한 일이지만 사실이다."

프리츠 랑(1890~1976)

신의 부재라고 하면 없음이 아닌 물러남을 의미한다. 마르틴 하이데거의 말로 신은 "신 너머의 신"이 된다. 즉 신의 부재는 그 존재가 완전히 다른 차원임을 의미한다. 있음과 있지 않음 사이의 존재이며, 이때 있음은 신으로 "있음"이다. 인간의 정신은 지각할 수 있는 세계 너머로 갈 수 없으므로 신을 알 수 없고, 그런 의미에서 신은 부재한다. 신의 부재는 곧 인간의 고독, 홀로 있음의 상징이다. 개체로서의 인간 "존재" 어디에도 신은 없는 것이다. 장 폴 사르트르는 이렇게 썼다. "신은 곧 부재다. 신은 인간의 고독이다." 이 구절은 영성을 충전한 세속주의의 만트라[기도, 명상 때 외는 주문]였다. 반면 쇠렌 키르케고르에게 신의 부재는 불안이었다. 우리의 실존은 결정되지 않은 미래에 무방비로 노출되어 있고, 우리에게는 행위의 자유선택밖에 없기 때문이다. 키르케고르는 신의 부재를 신의 비밀이라고 했다. "신은 인간과 같지 않다. 자신의 뜻이 이루어졌는지 아닌지를 드러내는 증거는 하등 중요하지 않다. 신은 비밀을 간파한다."

신의 부재로 자유로워진 우리는 본회퍼가 예견했듯 "성년"이 되었다. 해방된 것은 인류뿐만 아니라 신도 그렇다. 인류는 이제 신 없이 살아가기 때문이다. 우리는 천신만고 끝에 신의 부재를 입에 올리고도 무사할 수 있게 됐다. 이제 신이 사라진 우주에 진정 의미로운 것이 들어차기를 학수고대하고 있다. 사르트르가 말한 실존적 고독도 신의 육화라는 신화도 응결핵과 같다. 세계 모든 주요 종교에서 나타나는 신비주의를 뒤집어보면 거기에는 고립무원의 숙명이 자리하고 있다. 단독자의 숙명이 마침내는 자아의 부재에 다다르는 것이다. 신도 '나'도 부재한 상태에서 둘은 자발적으로 돌아와 다시 만난다.

THOMAS KUHN

ANAXIMANDROS

SOCRATES

PLATO

LUDWIG WITTGENSTEIN

JOHN LOCKE

KARL POPPER

DAVID HUME

BARUCH DE SPINOZA

FRANCIS BACON

PYTHAGORAS

ARISTOTELES

SOCRATES

PLATO

LUDWIG WITTGENSTEIN

JOHN LOCKE

KARL POPPER

6

—

종교
Religion

"종교는 대중의 형이상학이다."

아르투르 쇼펜하우어(1788~1860)

"종교는 보통 사람에게는 진실로,

현명한 사람에게는 거짓으로,

통치자에게는 유용한 수단으로 간주된다."

세네카(약 BC 3~AD 65)

종교는 무엇일까?

종교religion라는 단어에는 흥미로운 역사가 있다. 키케로는 그 어원을 "어떤 것을 비추다, 사람의 마음을 다시 읽는다"라는 의미의 렐레가레relegare에서 찾는다. 또 다른 뿌리는 "빨리 묶다" 또는 "단단히 묶다"의 렐리가레religare로서 의무감 또는 사람을 한데 모으는 결합의 의미를 지닌다. 렐리지오Religio는 거룩한 어떤 것에 대한 존경, 또는 신을 향한 숭배를 뜻한다. 11세기 앵글로 프랑스어 렐리지운religiun은 종교적인 공동체를 의미했고, 12세기의 렐리지온religion은 교단의 규칙에 따라 신에 대한 믿음을 서언한 수도사의 삶을 의미했다. 이러한 사료들을 요약하면 종교, 여기에 따르는 의식과 기도 양식 등은 사회 관습이나 종교 조직을 통해 특권을 인정받았다. 기독교든 불교든 종교 공동체로 정의되는 신앙 집단은 대체로 그 구성원들의 행위와 행동과 태도를 규율하기 위해 윤리규범을 정하고 있다.

· ·

"신에게는 종교가 없다."

마하트마 간디(1869~1948)

· ·

계몽주의 시대 이후로 종교 개념은 크게 확장됐다. 프랑스의 사회학자 에밀 뒤르켐은 "종교는 성스러운 것들과 관계된 믿음과 실천의 통일된 체계다"라고 했다. 뒤르켐이 말하는 종교에는 교리나 권위에 순종할 의무 같은 것은 없으며 "성스러움"의 내용은 개인이 정한다. 철학자이며 수학자인 화이트헤드는 "종교는 개인이 단독으로 행하는 것"이라고 주장했다. 이러한 견해는 주관적으로는 "뭐든 다 된다"는, 당시 형성되고 있던 관점을 대변한다. 이러한 흐름은 정해진 정통교리를 뒤로 하고 단순함을 향한다. 티베트 불교 수장인 달라이 라마의 말은 놀랍다. "나의 소박한 종교는 이렇다. 사원은 필요 없다. 복잡한 철학도 필요 없다. 나의 머리, 나의 마음이 나의 사원이며, 우리의 철학은 자애다." 이런 식의 개방성은 많은 이들의 마음을 움직였다. 덕분에 사람들은 자유로운 상태에서 자신에게 가장 의미 있는 방법으로 신과 만날 수 있었다. 사도 야고보는 야고보전서에서 "순수한" 종교를 이렇게 정의했다. "하느님 앞에서 정결하고 더러움이 없는 경건은 곧 고아와 과부를 그 환난 중에 돌보고 또 자기를 지켜 세속에 물들지 아니하는 그것이니라."(「야고보서」 1:27) 이것은 완고한 신학에서 보면 돌출 발언이라 자신이 무슨 말을 한 것인지 몰랐던 것 아닐까 하는 생각이 들 정도이다. 이 구절은 특별히 기독교적이라 할 것이 없다. 그래서 신을 "아버지"로 생각하는 종교들 안에 태연히 자리 잡을 수 있었다. 나머지 내용은 사회 복지와 "세속에 물들지 않고" 자신을 지키는 것, 그리고 욕심과 물질주의에 대한 경고다.

종교를 끌어내리는 개성 강한 사람들도 있다. 종교를 "인민의 아편"이라 비웃은 칼 마르크스, 세속적 신비주의자 버나드 쇼, 서정적 무신론자 퍼시 셸리가 그들이다. 앰브로즈 비어스는 『악마의 사전The Devil's Dictionary』에서 날카로운 시선으로 이렇게 정의했다. "종교: 희망과 두려움의 딸. 알 수 없는 것의 본성을 무지에 설명해준다."

종교로 인간의 기본 욕구가 충족될까?

오하이오 주립대학교 심리학과 교수인 스티븐 라이스는 종교론을 이야기하며 종교로 충족되는 인간의 욕구 열여섯 가지를 나열하며 이렇게 썼다. "종교는 다면적이기 때문에 한두 가지 욕망으로 줄여서 말하기 어렵다." 그는 동기를 기초로 삼았다. 이때 동기란 목표 지향적 행위로, 우리의 "욕구"를 규정한다. 여기서 그가 말한 인간의 욕구 몇 가지를 통해서 라이스의 생각을 알아보자. 수용(인정받고 싶은 욕구), 호기심(배움의 욕구), 사회적 접촉(친구를 갖고 싶은 욕구), 지위(사회적 위치에 대한 욕구), 질서(조직되고 안정적이어서, 예측 가능한 환경에 대한 욕구) 등이 그것이다. 종교는 분명히 이런 욕구를 충족시킬 수 있다. 라이스는 자신이 세운 이론의 요소들을 과학적으로 검증해서 종교에 대한 일반의 이해를 높일 수 있다고 말하지만, 그가 설정한 상호연관된 사회적 틀은 종교적 본능이나 갈망 따위 일반적인 현상을 충분히 설명해주지는 못한다.

미국의 심리학자이며 철학자인 윌리엄 제임스는 종교의 기능을 이해하려면 우선 종교를 경험해보라고 제안했다. 그는 이것을

"종교적 소양"이라고 불렀다. 그는 제도로서의 종교가 개개인의 경험에서 출발하기 때문에 개인 차원의 종교에 방점을 두었다. 우리는 각자 종교 안팎에서 믿음을 갖고 있다. 그 가운데에는 허황된 믿음도 있지만 어쨌거나 믿음은 바람을 실현하는 데 모두 도움이 된다. 제임스는 기본 욕구 두 가지를 들었다. 첫째는 "정신이 건강한 사람"이 갖는 욕구인데, 그는 세상의 악에 편승하지 않고 선과 긍정적 가치에 초점을 맞춘다. 어떤 종교가 그런 사람의 욕구에 복무한다면 개방적이고 덜 권위적이며 사회에 봉사하는 종교일 것이다. 둘째는 "영혼이 병든 사람"이 갖는 욕구인데, 이런 사람은 고통, 불안, 그리고 세상의 악에 쫓긴다. 이런 욕구에 부응하려면 죄를 중심에 두고 보속 같은 보호의 경험을 제공하는 종교가 되어야 할 것이다. 제임스는 정신이 건강한 사람의 예로 시인 월트 휘트먼을 들었다. "나는 겉과 속이 거룩하다… 내가 손을 대거나 나에게 닿는 것은 무엇이든 거룩하게 된다." 그리고 영혼이 병든 사람으로 영국의 소설가이자 우화 작가인 존 버니언을 든다. "나는 내게 믿음이 있는지 없는지, 알 수 없어 늘 전전긍긍하다가 이제야 어렴풋이 알게 됐는데 … 당신에게 믿음이 있는지 내 어찌 알겠는가?"

　성서 기반 종교에서 구원에의 욕구는 기본이며 초미의 관심사이다. 왜냐하면 지금의 삶이 구원을 얻는 단 한번의 기회이기 때문이다. 동양 종교들에서 말하는 "자각" 또는 "깨달음" 즉, "진정한 자아"를 드러내 보이고 "사물을 있는 그대로" 볼 수 있게 하는 긴 과정도 역시 인간의 기본 욕구이다. 종교, 과학, 또는 철학적 합리주의를 통해 우리가 추구하는 것은 "참"에 대한 욕구로 요약할 수 있다. 우리는 우리가 택한 삶의 의미와 목적이 옳다는 확신을 가지고 살기를 원한다. 그래서 단 하나인 진짜 신을 찾았다, **참** 나를 깨달았다, **참** 행복, **참** 사랑, **진정한** 성공을 경험했다 따위 이야기를 하는 것이다. 이 모든 것을 뭉뚱그려 얘기하면 현재의 내 삶이 참된지 알고자 하는 욕구가 된다. 이 정도 욕구라면 종교가 충족시켜줄 수 있지 않을까?

종교는 다 옳을까?

종교는 진리를 표방한다. 하지만 의미와 표현이 다른 탓에 공존이 어렵다. 신도들의 신실함이 그 종교의 옳음을 보장하는 것도 아니다. 잘못된 믿음도 있을 수 있다는 얘기다. 종교들이 제대로 대화를 하려면 지엽적인 부분보다는 넓은 시각, 공유하는 개념 등에 초점을 맞추어야 한다. 동양에서는 문화권이 달라도 종교는 비슷한 경우들이 있다. 그러나 성서기반 종교에서 신앙은 신학과 교의에 의해 정의되어 공통대를 찾기가 훨씬 어렵다.

드물지만 여러 진리가 섞여 제설혼합syncretism이 이루어지기도 한다. 즉 상호보완하지 않는 신앙들이 모여 조합을 이루는 형태이다. 제설혼합주의의 의도는 상반되는 제각각의 신앙들을 화해시키거나, 어떤 종교의 스펙트럼과 호소력을 더하기 위해 여러 신앙을 짜 맞추는 데 있다. 가령, 초기 기독교는 유대교와 그리스의 다양한 문화적, 철학적 요소들 가운데 태동했고 남아메리카 가톨릭은 토착 노예문화와 종교관례를 흡수했다. 바하이 신앙의 창시자인 바하울라는 마호메트, 예수, 모세, 붓다, 조로아스터, 아브라함의 후계자로 간주되며 이 모두를 조합한 교리를 가지고 있다. 구루 나나크가 창시한 시크교는 무굴의 이슬람교와 힌두교를 화해시키려는 시도다. 나나크는 물었다. "힌두도 무슬림도 없다면 나는 어떤 길을 따라야 하는가? 신은 힌두도 무슬림도 아니다. 나는 다만 신의 길을 따를 뿐이다." 제설혼합은 지금도 진행 중이다. 불교, 가톨릭, 카르데시즘 Kardecism의 요소들을 결합한 베트남의 "카오다이Cao Dai"가 있고, 크리스천과 이슬람의 교조를 결합한 나이지리아의 종교는 이름도 "크리슬람chrislam"이다.

"신은 갖은 모양으로 사람을 빚었다. 그런 그가 설마
예배 양식을 한 가지만 마련해 놓았을까?"

마르틴 부버(1878~1965)

그렇다면 세상의 많고 많은 종교들은 길이 다를 뿐 최종 목표는 같을까? 아주 넓게 추상적으로 보면 목표는 "같다" 하겠다. 기독교와 이슬람교 모두 신에게로 인도하는 유일한 종교를 자임한다. 그래서 두 종교가 제시하는 길은 나머지 종교들과 충돌한다. 결국 모든 종교가 같은 목표로 가고 있거나 오직 한 종교만 진실이거나 둘 중 하나이다. 절대라고 표방하는 진리라면 진리는 오직 하나다. 이 틈 바구니에서 해결책을 찾아보자. 우리만이 진리라고 주장하는 종교에는 근본주의 전통이 들어있다("근본주의"는 이후에 다루게 된다). 모든 종교, 심지어 근본주의 색채가 짙은 종교도 그 반대편에 있는 신비주의 전통에 끌리기 마련이다. 신을 직접 체험한다고 하는 신비주의는 교리에 의지하지 않고 초월적인 정신 상태로 직행하는 점에서 추상적이다. 신비체험에서 예수나 유대 신비주의 카발라의 아인소프와 만날 수도 있고 불교 명상의 무념무상에 들 수도 있는데, 이때 깨닫는 진리는 다 진리이다. 그러므로 모든 종교가 갖는 신비주의 요소는 다 "옳다"고 말할 수 있다. 바로 이 지점에서 역사와 교리가 다른 종교들이 차이를 뛰어넘어 하나가 된다. 엘리 위젤은 신비주의를 이렇게 말했다. "앎을 얻는 한 방편이다. 그것은 철학에 가깝지만 철학은 수평 방향이고, 신비주의는 수직 방향이다".

종교들은 왜 선교에 매달릴까?

기독교도인에게 "선교의 사명"은 예수의 가르침이다. 예수는 제자들에게 "가서 모든 민족을 내 제자로 삼으라"(「마태복음」 28:19~29)라고 말했다. 이 한 마디 말로 기독교는 로마 제국의 국교가 되었고 여기에서 전 세계로 전파됐다. 유대교 입장에서는 이교도, 즉 기독교도들이 신과 온전하게 연결된 것은 신과 노아의 계약을 통해서이다. 이 계약 덕분에 그들이 꼭 유대교도가 될 필요가 없어진 것이다. 세계 주요 종교들은 자기 메시지를 가능한 한 널리 알리는 활동을 해 왔다. 이슬람교의 사명은 개개인을 개종시키는 데 그치지 않고 이슬람 세계제국을 세우는 것이다. 이슬람교의 사명 역시 『코란』(18:29)에 알라의 가르침으로 나온다. "주께로부터 나온 진리를 말하고, 믿든지 거부하든지 그들에게 맡기라." 그러나 개종이 늘 자유 선택은 아님을 역사는 증명한다.

"기독교도의 의무에 대한 탐구는
이교도의 개종을 위한 수단이다."

윌리엄 캐리(1761~1834)

"선교의 사명"은 진리의 독점을 전제한다. 예수는 스스로 "길이요, 진리요 생명"(『요한복음』14:6)이라고 했는데, 그의 다음 주장은 한층 더 배타적이다. "누구든지 나로 말미암지 않고는 아버지께로 올 자가 없느니라." 알라도 "우리는 코란을 진리 안에 세웠고, 또 진리 안에서 코란은 전해져 왔다"라고 말해서 이슬람교에 배타적인 권위를 부여한다(17:105). 이슬람식 표현으로 "자명한 진리의 길"(27:79)이다. 공인 선교사든 자발적 선교사든 자신이 의문의 여지 없는 단 하나의 진리를 대표한다는 믿음을 공유하고 있다. 선교 사명을 받으면 그 권위에 저항하면서 신앙을 유지하기란 하늘의 별따기다.

　요컨대 종교들은 선교를 외친다. 신자 스스로 선교를 의무로 받아들인다. 그들의 관점에서 보면 자기들 이외의 사람들은 길을 잘못 든 것이다. "이방인들"의 불멸의 영혼이 문제인 것이다. 그래서 어리석은 사람들을 "진리"로 개종시키는 선교는 영원함이 걸린 궁극적인 봉사이다. 선교의 딜레마를 말해주는 두 편의 이야기가 있다. 다음은 대주교인 데스몬드 투투가 전한 이야기이다. 선교사들이 아프리카에 왔을 때 "그들에게는 성경이 있었고 우리 원주민들에게는 땅이 있었다. 그들이 '기도합시다'라고 말했고 우리는 할 수 없이 눈을 감았다. 눈을 떴을 때 어찌된 영문인지 그들은 땅을 가졌고 우리는 성경을 가졌다." 둘째는 퓰리처상 수상 작가 애니 딜라드의 이야기다. "에스키모 왈, '하느님과 죄를 모르는 상태였다면 그래도 지옥으로 갑니까?' 사제 왈, '아니요, 당신이 몰랐다면 그렇지 않습니다.' 에스키모 왈, '그렇다면 뭐하러 말했나요?'"

사람들은 어쩌다가 근본주의자가 되는 걸까?

근본주의는 극렬한 분쟁을 낳는다. 종교적 근본주의도 있고 정치적 근본주의도 있는데, 종교적 근본주의는 거의 정치적 대립으로 확대되기 일쑤다. 모든 종교의 핵심에는 근본주의가 자리 잡고 있다. 가장 극단적인 형태는 성서나 코란 등 자기 종교의 경전을 신성불가침으로 믿고 자구 하나하나를 문자 그대로 받아들이는 것이다. 이 경우 타협의 여지가 없다. 근본주의는 세속주의와 자유주의에 맞서 전투적 복음주의를 탄생시켰다. 미국의 경우 근본주의자들은 대통령 선거의 팽팽한 균형을 바꿀 정도의 규모이다. 이슬람교에도 비슷한 움직임이 있다. 이슬람 세계제국 건설이라는 야심찬 움직임이다. 이슬람 근본주의자들이 모두 테러리스트는 아님에도 불구하고 이슬람 근본주의는 테러리즘이라는 정치현안과 동격으로 치부되고 있다.

근본주의는 신앙, 행동, 가치 기준의 확고한 토대가 되고 있다. 근본주의는 비판과 반론이 빈발하는 와중에도 신념을 밀고 나가는 방패막이가 된다. 정치적인 면에서 보면 이해하기 어렵지 않다. 나치즘에서 미국 민권운동까지 열혈 이상주의자들을 움직인 힘은 명백하고 확고한 철학이었다. 종교를 보면 사람들의 요구가 다채롭고 그렇기 때문에 선택 방향도 당연히 다르다. 확실한 답이나 방향을 원하는 사람들에게 권위있는 교리가 주는 안정감은 매력적이다. 종교적 근본주의는 그러한 "은신처"가 되어준다. 사르베팔리 라다크리슈난의 말대로 이들이 그 집단을 벗어나 자기 신앙을 남에게 집어넣으려는 순간 문제는 발생한다. 이들이 "숭배하는 대상은 신이 아니라 '신의 이름으로'를 외치는 집단이나 권위다."

근본주의자들은 자신의 신념을 위해 본심을 숨긴다는 비판이 인다. "근본주의적 종교는 선의와 열정을 가진 순진무구한 젊은이들의 과학 교육을 깨부수는 데 혈안이 되어 있다"라고 리처드 도킨스는 말했다. 문자적 해석은 상식과도 배치된다. "행복한 이단자"로서 주디스 헤이즈는 지적한다. "근본주의자들이 가장 수긍하기 어려운 이야기는 홍수와 노아의 방주일 것이다. 가령 노아가 방주에 동물들을 실을 때 팔레스타인 어디에서 펭귄과 북극곰을 찾았을까?"

구원이란 무엇일까?

구원이란 '무엇'으로부터 벗어날 필요성을 말하며, 성서기반 종교에서 이 무엇은 죄와 벌이다. 구원론soteriology은 구원 교리에 대한 해석인데, 종교마다 구원의 이유와 방법이 다르다. 동양 종교의 경우 "구원"보다 "해방"이 더 맞는 표현이다. 기독교의 구원은 아담의 죄로 인해 깨어진 신과 관계를 회복하는 일이다. "곧 하나님께서 그리스도 안에 계시사 세상을 자기와 화목하게 하시며 그들의 죄를 그들에게 돌리지 아니하시고"(고린도후서 5:19) 그렇기 때문에 누구든지 믿음을 통해 신과 화해할 수 있다. 유대교는 알 수 없는 내세보다는 현세에서의 도덕과 선행에 더 관심을 기울인다. 속죄일 욤키푸르에 행하는 회개 테슈바, 즉 불의로부터 "돌이킴"은 꼭 거쳐야 한다. 그래서 유대인은 현세의 삶에 바빠 내세를 생각할 틈이 없다는 말이 있다. 어쩌면 이것이 모제스 멘델스존이 "유대교는 구원에 꼭 필요한 영원한 진리를 계시한다고 자랑하지 않는다"라고 기록한 이유일 것이다. 이슬람 신학도 구원을 강조하지 않는다. 인생의 목적은 알라를 기쁘게 하며 사는 것이다. "알라는 선을 믿고 행하는 자에게 용서와 큰 보상을 약속했다"(『코란』 5:9).

. . . .

"구원 받으려면 꼭 알아야 할 세 가지.
무엇을 믿으며, 무엇을 바라며, 무엇을 해야 하는지."

토마스 아퀴나스(1225~1274)

. . . .

동양의 전통에서는 구원보다 해방 개념이 일반적이다. 성서 기반 종교가 말하는 구원에는 심판이 따른다. 심판의 날 선행을 재는 저울에 한 사람의 믿음과 행위 전부를 올려놓고 최종목적지를 결정한다. 심판은 천국과 지옥 즉, 보상 또는 징벌을 암시한다. 천국은 에덴동산의 형태로 그려지고 지옥은 모델이 없다. 천국이 하늘에 있듯 지옥은 땅 아래 사탄이 지배하는 곳으로 보통 생각한다. 동양 종교들의 목표인 열반Nirvana은 추상적인 개념으로, 절대자와의 합일, 모든 고통으로부터의 해방이다. 열반 실현은 전적으로 도덕의 차원을 뛰어넘는 인과법칙, 즉 업보를 알고 행하는 개인에 달려 있다.

신이 준비한 세심한 구원 계획에도 불구하고 모든 종교는 자립의 중요성을 설파한다. 붓다는 이렇게 가르쳤다. "자신의 구원을 위해 행하라. 다른 이에게 그것을 기대지 말라." 신약에도 차이는 있지만 이와 비슷한 구절이 있다. "두려움과 떨림으로 너 자신을 구원하라."(『빌립보서』 2:12). 제임스 볼드윈이 결론을 말해준다. 구원은 "미래에 있지 않다. 도전은 이 순간이다. 때는 항상 지금이다."

악은 정말로 존재할까?

서구 문화에는 악을 "선"에 반대되는 것으로 보는 뿌리 깊은 이원론이 자리 잡고 있다. 여기에는 신과 악마, 성자와 죄인, 빛과 어둠, 영과 육의 대립개념들이 절대화되어 있다. 오늘날, 악마나 사탄이 인간의 영혼을 차지하려 신과 끊임없이 싸운다고 믿는 사람은 거의 없다. 그러나 우리가 살아가는 세상에는 "악"이라 불러 마땅한 사악한 에너지가 만연해 있는 것도 사실이다. 이때의 악은 다른 사람에게 불행, 고통, 해악을 끼치는 의도되고 계획된 의향이다.

　세속에 만연해 있는 악은 신이나 악마 같은 존재와는 상관이 없다. 또한 악은 그 개념이나 표현이 시대마다 문화권마다 다른 도덕률에 기대기 때문에 절대화, 보편화될 수도 없다. 마녀나 이단자의 화형은 한때는 신께 바치는 꼭 필요한 의식이었지만 오늘날에는 악한 행위로 간주된다. 노예, 집단학살, 고문 등도 마찬가지다. 「이사야」(45:7)는 신은 빛과 어둠(선과 악의 은유)의 창조자이며 "평안도 짓고 환난도 창조하나니 나는 여호와라 이 모든 일을 행하는 자니라"라고 기록하고 있다. 이 구절은 항상 철학자들의 고민거리였다. 에피쿠로스는 이렇게 정리했다. "신은 악을 폐지하고 싶은데 그렇게 할 수 없거나, 할 수 있는데 원하지 않거나 둘 중 하나이다. 하고 싶어도 할 수 없다면 무능한 것이 되고, 할 수 있지만 원하지 않는다면 사악한 것이 된다. 신이 악을 폐지할 수 있고, 또 신이 정말로 그러기를 원한다면 왜 세상에 악이 있는 것인가?" 성 아우구스티누스는 악을 신의 부재, 카를 융은 "신의 어두운 측면"이라고 했다. 마르틴 루터는 약간의 결함은 심각한 감염을 미연에 방지하는 예방접종과 같다고 말했다. "작은 악은 적극적인 선이다 … 아무 것도 아닌 일에 연연하다가 악마에게 기회를 주지 말지어다."

마르틴 부버는 우리가 선한 마음을 먹거나 악한 마음을 먹는 것을 보면 우리에게 자유의지가 있다고 생각했다. 즉 우리의 행위는 외부의 영향으로 촉발되는 것이 아니라 자신이 알고 선택한 결과라는 것이다. 부버는 "인간의 자유와 본성은 서로 모순되며" "반드시 진정한 자신이 되는 길을 선택하고 추구해야 한다. 자기 고유의 잠재력이 발휘되도록 세상과 관계를 맺어야 한다"라고 주장했다. 이러한 자유와 책임은 불교에서도 강조하는 지점이다. "악을 행하는 것도 자신이고 타락하는 것도 자신이며, 악을 행하지 않는 것도 자신이며, 자기를 깨끗하게 하는 것도 자신이다. 홀로 있는 자는 정화된 자다. 순수와 불순은 자신에게 달렸다. 누구도 타인을 정화할 수 없다."

화재, 지진, 질병, 기근, 전염병 등 "자연의 악"은 설명이 가능하지만, 사람들이 타인에게 고통을 주는 이유는 지금도 개운치 않은 수수께끼다. 현대 심리학 이론에 따르면 잔인성은 통제와 지배의 욕구 때문이며, 그것은 동물과 인간을 바치던 번제의식과, 사냥과 영역 구축 본능의 잔재다. 레오 톨스토이는 권력에 대한 갈망이 잔인성을 낳는다고 주장했다. "권력을 얻고 유지하려면 반드시 권력을 사랑해야 한다. 그러나 권력에 대한 사랑은 선이 아니라 선의 반대편, 자만, 교활함, 무자비함 따위와 관련이 있다."

고통은 왜 있는 걸까?

"고통이 있는 건 세상 이치지." 이 물음에 대응하는 가장 현명한 태도는 이렇지 않을까? 고통은 그것을 이해하고 느끼는 방식이 다를 뿐 모든 생명체 안에 내재해 있다. 고통은 생존을 위한 사투의 일부다. 동물에게는 거처와 먹이, 번식 등의 기회 부족이 고통이 된다. 그러나 인간은 고통을 성찰할 수 있는 존재이며, 앞을 생각하기 때문에 고통당한다. 니체의 말에 따르면 "사는 것은 고통이고, 생존은 고통의 의미를 찾는 일"이며, 바로 이 지점에서 고통은 신비롭게 발효한다. 모든 고통에는 원인이 있다. 질병이나 통증, 실연, 야망의 좌절, 불안정한 경제 상황, 두려움, 불안, 양심의 가책 등은 고통의 직접적 원인이지만, 고통의 궁극적인 원인은 따로 있다. 고통이 존재하게끔 "마련되어" 있는 것이다. 서구문화에서 고통이 존재하는 이유를 설명하는 것은 풍부한 신화의 저장고(예를 들면, 그리스 신화의 판도라)이다. 성서는 고통을 에덴에서 하나님을 어긴 이브 이야기에서 찾는다. 이 때문에 신과 인간의 관계는 망가져, 애초의 창조의 의미도 손상되고 고통이 그 자리에 "들어온다." 고통은 이생에서 극복할 수 없는 것이다. 하지만 우리가 신과의 관계를 회복할 수 있다면 고통의 중단을 희망할 수 있다.

고통이라는 난제에 가장 폭넓은 응답을 하는 것은 아마 불교일 것이다. 이 부분이 불교 신앙과 수행의 중심이다. 불교에서 말하는 "사성제四聖諦"란 고통 자체, 고통의 근원, 고통의 제거, 고통의 제거로 인도하는 도道를 이른다. 여기서 말하는 도에는 정견正見, 정사正思, 정어正語, 정업正業, 정명正命, 정정진正精進, 정념正念, 정정正定 등 팔정도八正道가 있다. 사성제를 관통하는 방법은 고통이 있다, 고통에는 근원이 있다, 고통은 제거될 수 있다는 사실을 받아들이고 도를 닦는 것이다.

. . . .

"곤란을 피하는 방법을 알아도 가르쳐 주지 않겠다.
곤란은 그것에 대처하는 능력을 길러주기 때문이다.
곤란을 껴안지 않는 것은 곤란을 적으로 대하는
것만큼이나 나쁘다. 곤란을 친구 대하듯 하라.
그러면 많은 것이 보이고
어떻게든 말 붙여볼 수 있을 것이다."

올리버 웬들 홈스(1841~1935)

. . . .

신학이나 철학과는 상관없이 삶은 이어지고, 합리적 인본주의에 의지해 신을 기피하는 세상이 됐다. 이러한 세상에서 고통은 그

저 현실일 뿐이며, 고통을 직시하고 받아들이는 일만이 적극적인 대응방식이다. "고통을 극복하면 강한 영혼이 드러난다. 가장 단단한 기질은 상흔으로 단련된다"라고 칼릴 지브란은 썼다. 받아들임이야말로 용기이며, 치유하는 객관적 자세이다. 심리학자며 정치기자인 레슬리 헤이즐턴은 "고통은 일단 받아들이면 모서리가 둥글어 진다. 두려움이 줄고, 애초 생각했던 것보다 훨씬 수월해진다"라고 썼다.

THOMAS KUHN

ANAXIMANDROS

SOCRATES

PLATO

LUDWIG WITTGENSTEIN

JOHN LOCKE

KARL POPPER

DAVID HUME

BARUCH DE SPINOZA

FRANCIS BACON

PYTHAGORAS

ARISTOTELES

SOCRATES

PLATO

LUDWIG WITTGENSTEIN

JOHN LOCKE

KARL POPPER

7

신앙

Belief

"자신이 백 퍼센트 옳다고
확신하는 것만큼 무서울 일은 없을 것이다."

로렌스 반 데어 포스트(1906~1996)

"인간은 뭐든 믿고 보는 동물이라,
무엇인가를 믿게 되어있다.
믿을만한 근거가 없으면
얼토당토않은 것도 좋아라 한다."

버트런드 러셀(1872~1970)

믿음이란 무엇일까?

위의 정의에 "믿음은 바라는 것들의 실상이요, 보이지 않는 것들의
증거니"라는 바울의 말을 보탤 수 있겠다. 그래서 믿음은 그것만으
로는 불완전하다. "행함이 없는 믿음은 헛것"이라는 야고보의 말은
믿음은 의심을 면하기 어렵기 때문에 삶에서 드러나야 한다는 뜻이
다. 윌리엄 제임스는 심지어 "믿음은 의심해볼 만한 것을 진실이라
고 받아들이는 것"이라고 말했다. 예수가 귀신들린 소년의 아버지
에게 "믿는 자들에게는 능히 하지 못할 일이 없느니라"라고 확언했
을 때, 당황한 남자는 "내가 믿나이다. 나의 믿음 없는 것을 도와주소
서"라고 소리쳤다(「마가복음」 9:23-24). 독일의 철학자 폴 틸리히는 믿
음을 의심한다고 해서 의심이 꼭 믿음을 약화시키는 것은 아니라고
말한다. "믿음은 믿음 자체와 그것에 대한 의심 모두를 포용한다."
그러나 믿음의 대상이 자신이든 타인이든, 신이든, 아니면 전부다이
든 우리는 보통 이런 믿음과 의심 사이의 긴장 상태에서 살아간다.
믿음과 의심은 상호의존적이다. 둘은 따로 존재할 수 없다. 믿음은

확인할 수 있는 것이 아니므로 필연적으로 의심을 동반한다. 의심은 다는 알지 못한다는 사실을 인정하는 일이다. 즉 이성과 밀고 당기기이다. 마하트마 간디는 "믿음에는 이성이 뒷받침되어야 한다. 눈 먼 믿음은 멸한다"라고 말했다.

이원론의 경향이 강한 서양 종교에서 믿음과 이성은 대립한다. 이성은 비합리적 영성보다는 합리적 인본주의에 기대기 때문이다. 교리, 신학, 철학 등은 있어도, 정확한 "길"을 알려주는 지도는 없다. 시인 오든은 "믿음에서 주객 관계는 개별적이다. 다수가 믿지만, 믿음은 어디까지나 개인의 영역이다. 저마다 홀로 믿어야 한다"라고 말했다. 불교도들에게 믿음은 일곱 가지 보배의 하나이자 정신의 힘이고, 사성제 가운데 하나다. 불교에서 믿음은 부처를 스스로 깨달음을 얻은 스승으로 신뢰하는 것이며, 깨닫고 짓는 마음작용원리에 대한 부처의 가르침을 받아들이는 것이다. 그러나 이 정도의 믿음으로 충분하지 않다. 믿음에는 합리적인 근거가 있어야 한다고 생각한 부처는 제자들에게 자신의 가르침이 옳은지 세상에 나가 시험해 보도록 권유한다. 불교에서 믿음은 목적지가 아니라 도道, 즉 길이다. 그 길을 따라가면 믿음은 앎이 된다. 부처는 "길을 믿으면 믿는 길이 믿음의 뿌리가 된다"라고 했다.

믿음은 한마디로 어떤 사람이나 사상에 대한 확신이나 신뢰이다. 이런저런 종교 철학들이 정의하는 초월적 현실을 믿는 것은 비합리적이다. 즉 경험으로 증명할 수 없는 가정에 바탕을 두고 있다. 토마스 아퀴나스는 이렇게 표현했다. "믿음이 있는 사람에게는 설명이 필요 없다. 믿음이 없는 사람에게는 설명이 불가능하다."

종교 없이 신앙을 가질 수 있을까?

믿는 대상이 '곧' 종교라고 보통 이야기한다. 믿음은 유신론, 무신론, 불가지론 등에 기초하거나, 신학, 정치철학, 미학, 도덕률 따위의 형태를 띠기도 한다. 사실 우리의 삶은 시시각각 믿음의 실천이다. 우리는 의사와 그가 처방한 약을, 버스와 기차의 운전기사를, 가족과 친구들을, 매일 사용해야 하는 편의시설을 신뢰한다. 이런 믿음은 비합리적이지 않다. 이 경우의 신뢰는 대상에 대한 경험에 의존하기 때문이다. 의사나 버스기사가 절대로 실수하지 않는다고, 혹은 우리의 관계가 깨지지 않는다고, 또는 자동차는 반드시 시동이 걸린다고 확신할 수는 없지만, 우리는 비교적 신뢰할 만하다는 사실을 경험을 통해 알고 있고, 그만큼 그것을 신뢰한다. 그러나 이러한 믿음은 절대적인 것은 아니다.

전통적으로 종교 안에서 믿음은 신이나 교리에 대한 신앙을 뒷받침해주는 자세로 정의된다. 그러나 세속화한 사회는 종교가 독점하고 통제해온 믿음, 교리, 신학에서 믿음을 해방했다. 그래서 종교 없이 믿음을 갖는 것이 가능해졌다. 하지만 믿음 없는 영성은 없다. 존 듀이는 "종교적 가치가 현실화되지 않는다면 이성의 승인을 받을 필요가 없다. 심지어 유신론이 상정하는 신의 존재와도 무관해진다"라고 꼬집었다. 문제는, 서양 문화에서 믿는 대상에 관한 신성불가침의 진리들을 정해놓고 여기에다 믿음을 적용시켜왔다는 사실이다. 이러한 공고한 틀을 와해시킨 세속주의 덕분에 탈종교적 유대교나 기독교를 생각할 수 있게 되었다. 종교에서 두터운 역사, 신화, 신학 등을 벗겨내고 오롯이 영적 핵심을 드러낸 것이다. 철학자 겸 시인인 월터 카우프만은 이렇게 말했다. "실존 인물이든, 흔히 말하는 신이든, 사변적 가설이든 신을 명시적으로 언급하지 않는 종교적 신앙의 형태들이 매우 많다. 신을 상정하지 않고도 종교로서 온전할 수 있다고 하겠다."

그러면 세속적 인본주의자들도 영성을 지닐 수 있을까? 답은 당연히 "예"이다. 예컨대 자연주의는 그럴 가능성이 다분하다. 자연주의는 일체가 자연이며, 모든 기본 진리는 자연의 진리이라고 주장하는 철학유파이다. 자연주의 철학은 감정과 미의 차원을 뒤섞어 두려움과 경이감, 평온함을 버무려 영성을 만들어내고, 이를 통해 인간의 영혼은 초월에 손을 뻗는다. 이런 믿음은 무종교적이며 어떻게 보면 목적이 없는 우주를 믿는 것이다. 그렇게 때문에 자연을 설명하는 법칙은 결국 대상을 그 자체로 인정하는 것이 전부이다. 그야말로 우주는 그 자체가 법칙이고, 아무 이유 없이 존재한다. 이 관점을 수용한다면 삶의 유일한 목적은, 우리의 거처인 우주의 이러함을 아는 것이다. 그러려면 여기에 종교 귀의에 버금가는 믿음이 있어야 하는데, 이 같은 무종교적 믿음은 모든 전통에서 완전히 벗어나 마음을 근본적으로 열 것을 전제로 한다.

틱낫한은 조언한다. "교의, 이론, 이념 따위를 맹신하지 마라. 비록 그것이 불교의 것이라 해도 마찬가지이다. 불교의 사고 체계는 안내자일 뿐 절대적 진리가 아니다."

신의 존재를 확인할 수 있을까?

기성 종교에서는 신이 있다고 믿는 것이 신앙의 요체이다. 그리고 무엇이 있음을 믿는 것에는 그 무엇과의 관계가 담겨있다. 신이 있다고 믿되 신과의 연결을 경험하지 못했다면 그러한 신앙은 글이나 말로 표현된 종교의 권위에 의존한 것이다. 어떤 종교의 신자가 믿는 것은 교리이겠지만, 믿음은 해당 종교의 전통적인 권위 안에 있게 될 것이다. 그런데 신과의 접촉을 문제 삼으면 신의 존재에 대한 확실성은 의심의 대상이 되게 되어있다. 믿음과 의심은 신앙의 두 얼굴이고, 반드시 함께 존재한다. 볼테르는 그 역설을 이렇게 이해했다. "의심은 기분 좋은 상태는 아니다. 하지만 확신은 부조리하다." 종교체험이 아무리 깊고 강렬해도 신의 존재에 대한 믿음은 어디까지나 주관적이다.

· ·

"자신의 존재를 증거하게 시키는 신이라면
우상일 것이다."

디트리히 본회퍼(1906~1945)

· ·

종교문헌에 보면 신의 존재를 증명하는 예증들이 많이 있다. 이 집트에 열 가지 "재앙"을 안겨 "애굽 사람이 나를 여호와인 줄 알리라"라며 자신의 존재를 증명한, 히브리 노예들의 신의 실재함을 파라오는 부인할 수 없었다(「출애굽기」 7:1~12). 나사렛 예수가 행한 치유의 기적을 통해 신의 존재를 확신한 사람들도 많다. "기적의 시대"가 끝나지 않았다고 주장하는 사람도 있지만, 그런 예증들은 성서에 기록된 시대에 국한된 듯하다. 로마 가톨릭 공동체인 "그리스도의 마음과 빛"에서 활동하는 데미안 스테인은 자신을 통해 신이 치유의 기적을 행한다고 믿는다. "나는 암을 향해 예수 이름으로 사라지라고 명령했다. 기도가 끝나고 2분 뒤에 그의 입안에 있던 암이 사라졌다." 기독교에서는 예수가 입은 상처와 흡사한 성흔이 신자들의 손과 발에 나타난 사례를 이야기하기도 한다. 신의 존재에 대한 "증거"임을 주장하는 이러한 기적들은, 자연법칙에 위배까지는 아니지만 방해는 된다. 그래서 기적이다.

창조주인 신을 상정하지 않는 동양의 종교들은 서양 종교와는 다른 전제에서 출발한다. 힌두교와 불교 미술에는 여러 신의 존재를 인정하는 다신론이 표현되어 있다. 이러한 요소들은 추상적인 궁극의 일자一者의 다양한 측면으로 해석되기도 한다. 신이나 절대자의 화현도 그 자체로 신이 있다는 증거가 되지는 않는다.

무신론자들은 신이 존재한다는 경험적 증거가 없다는 이유에서 바로 신이 존재하지 않는다고 단정한다. 그러나 신의 존재를 부정하는 것도 일종의 믿음이라 할 수 있다. 대부분의 종교 귀의는 믿음과 의심 사이의 긴장 관계 안에서 이루어진다. 스리랑카의 소승불교 승려인 냐나포니카 테라는 다음과 같이 경고한다. "쉽게 믿어 버리는 성향은 꼼꼼히 따져볼 필요가 있다. 그러면 대부분의 경우에 신이라는 관념은 추종자의 이상(대개는 고결한 이상), 간절한 소망, 믿고자 하는 염원 따위를 투사한 것으로 드러날 것이다."

기도란 뭘까?

기도는 흔히 "생각하기와 감사하기"라고 생각한다. 그러나 기도가 항상 생각과 감사로 채워지는 것은 아니다. 기도에는 정해진 틀이 있어서 생각이 끼어들 틈이 없는 경우도 많다. 즉 마음으로 기도하기보다 입으로 기도할 때가 많다. 그러나 깊이 생각하기 자체가 기도일 수 있다. 즉 잠시나마 신, 또는 랠프 트린이 말하는 "무한한 대상과의 조화"를 희구하기 때문이다. 전통적으로 기도는 찬양과 중보中保가 축이다. 찬양은 감사, 경이감, 섬김의 표현이고, "뜻이 이루어지이다"로 마무리 하는 중보는 신에게 무엇을 구하는 것이다. 중보는 대부분 도움과 능력에 대한 간구인데, 기도하면 변화가 온다고들 하지만, 가장 크게 변하는 것은 기도를 하는 당사자이다.

성서 기반 종교에서 기도는 주기도문의 "하늘에 계신 우리 아버지"에서 보듯 누구에 말을 하는 형식을 취한다. 말하기가 일방이든 쌍방이든 간에 기도는 알 수 없는 구석이 있다. 우리는 말하고 신은 듣는다. 신의 응답이 올까? 테레사 수녀는 이렇게 말한다. "신은 마음의 고요 속에서 말씀하신다. 기도의 시작은 귀 기울임이다." 회중 기도와 "작고 고요한 목소리"에 귀 기울이는 개인의 내밀한 기도는 많이 다를 것 같다.

- -

"기도는 요청이 아니다. 그것은 영혼의 갈망이다.

자신의 나약함을 날마다 인정하는 일이다.

기도는 마음 없는 말보다

말 없는 마음으로 하는 편이 낫다."

마하트마 간디(1869~1948)

- -

기도가 시험 통과, 사업 성공, 질병 치유 등으로 응답을 받는다면 기적이나 다름없다. 신이 기도를 듣고, 궁리해서 사안에 영향을 미치는 것이 기도에 대한 응답일 것이다. "불가"도 응답으로 인정해야 한다. 신의 반응이 어떻든 간에 응답의 과정에는 자연법칙의 조정이 수반된다. 러시아 소설가 이반 투르게네프도 비슷한 주장을 했다. "인간의 기도는 모두 기적을 구한다. 모든 기도는 결국 이렇게 요약된다. '전능하신 신이여, 둘 곱하기 둘이 넷이 되지 않게 하소서.'" 그럼에도 불구하고 "구하라. 그러면 주실 것이요"가 기도의 정신이다. 우리는 현실에서 탄원 기도의 응답을 기대하라고 "배웠다." 그러나 기도에 항상 직접적이고 분명한 응답이 따르지는 않는다. 이것이

중보 기도가 갖는 문제 중 하나이다. 한 가지는 분명해 보인다. 즉 기도 때 무엇을 청하건 간에 두 손 놓고 기다릴 수는 없다는 것이다. 기도에는 상호성이 적용되기 때문이다. 아우구스티누스는 이렇게 충고했다. "모든 일이 신에게 달려 있는 것처럼 기도하라. 모든 일이 그대에게 달려 있는 것처럼 노력하라."

성 프란치스코는 "신에게 기도할 때는 아무것도 구하지 말아야 한다"라고 주장했다. 부처는 "가장 위대한 기도는 인내다"라고 했다. 불교에는 성서적 의미의 신이 존재하지 않기 때문에 기도는 진실을 향한 통로이며 마음 드러내기이다. 정토진종[淨土眞宗, 일본의 불교 종파 중 하나] 신자인 G. R. 루이스의 말을 들어보자. "불교에서 기도는 명상의 한 형태다. 그것은 부정적인 것을 도덕적인 것으로 바꾸도록 내면을 변화시켜 행복에 다다르는 수행이다."

신비체험은 어떤 걸까?

어느 종교에서나 대체로 신자들이 간절히 원하는 바는 신비한 경험을 통해 실현된다고 이야기한다. 신비체험은 한마디로 신, 절대자, 자연 등과의 직관적으로 합일에 이르는 것이다. 신비체험은 일상사에서 벗어나 홀로 힘과 에너지를 깊은 사색 또는 명상에 집중할 때 일어난다. 예이츠는 "신비론은 예전부터 있었고, 아마 앞으로도 세상에서 큰 힘을 발휘할 것이다. 그 형편없는 학자들이나 아니라고 우길 것이다"라고 썼다. 신비체험은 모든 종교의 신앙, 교리, 그리고 신학의 정수이다. 그것은 그 종교에서 말하는 진리 전부의 정수를 체험하는 것이다.

신비체험의 공통분모는 신과의 합일이다. 페르시아 수피교도 인 아부 야지드는 자신의 경험을 다음과 같이 묘사했다. "나는 뱀이 허물을 벗듯 나를 벗고, 나라는 존재의 정수, 즉 자아를 들여다보았 다. 아, 놀랍게도 내가 바로 신이었다." 『바가바드 기타*Bhagavad Gita*』 는 합일의 신비를 인정하며 이렇게 썼다. "오, 크리슈나 신이여. 당신 이 말하는 신성한 합일의 고요함을 나는 이해할 수 없나이다." 산 후 앙 드라 크루즈[1542~1591, 스페인 신비주의자, 반종교개혁의 주요 인물]는 합 일에 따르는 두려움과 고통을 이렇게 증언한다. 그것은 "마치 기습 처럼, 난폭하게 다가와 영혼을 굴복시킨다. 영혼은 연약하여 격통을 느낀다." 독일의 신비론자 헨리쿠스 수소도 신비론적 마주침은 만 만찮은 일이라고 증언한다. "영혼이 순수하면 느낄 수 있는 … 이 불 가해한 신의 산에서 영혼은 비밀스런 익명성, 경이로운 소외 상태로 들어간다 … 거기서 영혼은 소멸해 신의 기적 안에 살게 된다."

이상은 극단적인 신비 체험의 내용이지만, 신비 체험이 꼭 이렇 게 극적인 것은 아니다. 대부분은 그런 순간이 언뜻 스쳐 지나갈 뿐, 그것도 기성 종교와 무관한 체험일 때가 많다. 앞에서 "신비" 개념을 얘기했는데, 이것은 절대 타자를 감지하는 것을 말하지만, 이때 타자 는 신일 수도 있고 아닐 수도 있다. "고상한 생각의 환희로 나를 뒤흔 든 어떤 존재"를 느낀 시인 윌리엄 워즈워스의 신비체험은 범신론의 한 형태였다. 혼자여야 신비체험이 찾아오는 것은 아니다. 런던 2층버스에서 "환희가 엄습한" C. S. 루이스의 경우처럼 그 순간은 언제 어디서나 찾아올 수 있다. 유대인 대학살의 생존자 엘리 위젤에 의하면 성대한 예배당이나 수도원이든, 동굴이나 숲 속의 빈터이든, 또는 바쁜 일상의 소용돌이 속에서든 신비체험은 "앎에 이르는 길이다. 신비론은 철학과 가깝다. 다만 철학은 수평으로, 신비론은 수직으로 향한다는 차이가 있을 뿐이다." 그런 식으로 앎을 일궈나가는 일은 짜릿하다. 아인슈타인의 말대로 "불가해한 어떤 것이 실제로 존재함을 아는 것, 이러한 느낌이야말로 진정한 종교성의 핵심이다."

깨달음이 뭘까?

"남을 아는 것은 지혜이고,
자기를 아는 것은 깨달음이다."

노자 (약 BC 6)

서양의 종교 전통에서 "깨달음"이라는 용어는 "돌연한 이해"의 순간을 지칭할 뿐, 궁극의 영적 체험에는 쓰지 않는다. 서양의 17세기와 18세기 계몽주의시대는, 형이상학과 사변철학이 담당했던 온갖 형태의 앎을 이성에 기대 따져본 시기였다. 그러나 이성으로 눈을 떠 개인 차원에서 진리를 아는 것은 동양 종교에서 말하는 "깨달음"과는 거리가 멀다. 서양에서 진리란 종교적 계시, 즉 받아들임의 전통인 것이다. 동양에서 진리는 개인이 모색해서 깨닫는 것이다. 깨달음은 정신의 사건이며 실제 삶이 입증해준다. 달라이 라마 텐진 갸초는 이렇게 충고한다. "경험이나 논리에 반하는 것은 어떤 것이든 버려야 한다. 궁극적인 권위는 항상 자기 개인의 이성과 비판적 분석에 있어야 한다."

힌두교도와 불자들에게 깨달음은 열반 증득의 장애요소인 욕망과 고통을 초월한 의식 상태이다. 깨달음의 상태는 매우 미묘하다. 도겐 선사가 이렇게 주의를 주었을 정도이다. "자신의 깨달음을 자각할 것이라고 여기지 말라." 탄생, 죽음, 부활로 이어지는 순환 고리를 깨뜨려야 열반에 이를 수 있다. 깨달음은 열반에 이르는 수단이다. 깨달음이란 집, 재산, 가족 등 세속사의 "끊임없는 흐름"인 삼사라에서의 해방을 가리킨다. 달마대사는 "그대들이 나고 죽는 데 매어 있는 한 결코 깨달음을 얻을 수 없다"라고 강조한다.

깨달음을 얻는 주요한 방법은 명상이다. 명상은 개인이나 집단으로 행할 수 있고, 정해진 틀에 맞추거나, 자유롭게 할 수도 있다. 어떤 방법을 택하든 명상 수행자는 마음을 고요하게 하고, 생각을 멈추고, 개념화를 배제하려고 한다. 그래서 바른 사고에 이르고 이를 통해 깨달음을 얻고 이어서 고통과 욕망을 넘어서게 된다. 이 자리에서는 명상 수행에 대해 깨달음의 관건은 정신이라는 것을 강조하는 것으로 마무리하겠다. 정신이야말로 깨달음에 이르는 유일한 수단이기 때문이다. 부처는 이 점에 대해 더할 나위 없이 분명하게 말했다. "우리라는 존재는 생각의 결과이다. 정신이 가장 중요한 것이다. 우리는 우리가 생각하는 대로 된다."

명상 수행은 삼사라에서의 해방과 열반 증득의 기본이지만, 실제 삶과 분리될 수는 없다. 또 수행결과에 너무 집착해서도 안 된다. 달라이 라마는 인내를 권한다. "나 스스로도 느끼고 있고 다른 불교 신자들에게도 말하지만, 열반은 나중 일이다. 서두를 필요가 없다. 하루하루 정직하게, 사랑과 자비를 베풀고, 이기심을 자제하며 살다 보면 어느새 열반에 이를 것이다."

환생한다면 어떻게 될까?

환생은 참으로 특이하고 중요한 종교적 개념이다. 소크라테스는 다음과 같이 말했다. "나는 다시 사는 삶 같은 것이 정말로 있다고, 삶이 죽음에서 비롯된다고, 죽은 자의 영혼이 있다고 확신한다." 환생 개념은 유대교의 핵심은 아니지만, 카발라 신비론에서는 윤회, 즉 "영혼의 순환"으로 등장하고, 바알 셈 토브의 하시디즘[1750년경 폴란드에서 일어난 유대 신비주의의 한 파]에서도 발견된다. 기독교는 환생을 부인하고 부활을 이야기한다. 『피스티스 소피아Pistis Sophia』 같은 영지주의 문헌에서 부활한 예수는 "영혼이 한 몸에서 나와 다른 몸으로 들어간다"라고 말한다. 코란에도 그런 신앙을 뒷받침하는 구절이 있다. "신은 존재를 만들고, 자신에게 돌아올 때까지 그것을 계속 돌려보낸다."

. . . .

"나는 광물로 죽어 식물이 되었고, 식물로 죽어
동물로 살아났고, 동물로 죽어 인간이 되었다.
내가 왜 두려워해야 하는가?
언제 내가 죽음으로 인해 더 미천해진 적이 있던가?"

루미(중세 페르시아의 시인, 1207~1273)

. . . .

환생 개념은 동양 종교에서 만개해 핵심 교리 가운데 하나로 자리 잡는다. 『바가바드 기타』에서도 이 점이 확인된다. "육화된 영혼이 유년기에서 청년기를 거쳐 노년으로 현세의 몸을 쉼 없이 지나가듯 영혼은 죽음의 순간에 다른 몸으로 들어간다. 깨어있는 사람은 그런 변화에 당황하지 않는다." "환생"으로 일컬어지는 다시 태어남, 즉 윤회는 불교 경전에서 개인의 업과 연결해서 많이 이야기 된다. 무엇을 행하며 어떻게 사는가가 다음 생의 "질"이나 성격을 결정한다. 『중부경Majjhima Nikaya』에서 부처는 다시 태어남에 대해 물은 제자 아난다와 대화를 나눈다. 부처는 업을 강조하기 위해 극단적인 경우를 들어 설명한다. "살생을 한 사람" 또는 "살생을 삼간 사람은 … 그 결과를 지금 여기서나 다음 생이나 그 이후의 생에서 느끼게 된다."

다시 태어난다는 관점에는 정신은 계속된다는 생각이 깔려 있다. 즉 정신은 과거가 현재를 좌우하고, 그런 식으로 이어진다는 것이다.

달라이 라마는 물질계에 빗대어 설명한다. "현재 우리 우주에 있는 모든 요소들은 … 하나의 근원, 즉 시작점으로 환원할 수 있다 … 그러므로 정신, 또는 의식도 이전의 순간들의 결과로서 생기는 것이다." 독일의 소승불교 승려이자 티베트 불교 해석에 있어 서양 제일의 권위자인 라마 고빈다는 "계승"되는 것에는 의식, 재능, 기억도 포함되기 때문에 환생의 개념을 물리적 성질만을 고려하는 기계론적 유전이론에 가두어서는 안 된다고 주장한다. "모차르트의 경우와 같이 네 살짜리 아이가 배우거나 연습하지도 않은 상태에서 하프시코드처럼 복잡한 악기 연주법과 그보다 훨씬 복잡하고 난해한 작곡의 법칙까지 자동적으로 숙달했다는 사실을 달리 어떻게 설명하겠는가?" 여기에 덧붙여 말하자면 전생의 기억을 회복한 사람들에 관한 기록도 있다. 예를 들어 실제로 한 세대 뒤에 태어났으면서도 유대인 대학살의 기억을 지녔던 사람들도 있다.

환생은 우리의 실천, 즉 정말 환생한 것처럼 사는 것으로 증명되는 가설이다. 니체의 말을 들어보자. "다시 살고 싶은 마음이 들도록 살라. 이것이 당신의 임무다. 어쨌든 다시 살 것이기에!"

홀로 하는 영적 수행은 자기탐닉 아닐까?

홀로 하는 영적 수행은 생각보다 드물다. 명상을 중시하는 동양의
전통에서도 수행은 승가僧伽에서 이루어진다. 그러나 잠시 세속을
떠나 홀로 피정避靜에 임하는 사람들도 있고, 심지어 척박한 환경에
서 오랜 시간 혼자 지내는 구도자들도 있다. 일례로 티베트 불교도
인 밀라레파는 히말라야 산맥의 동굴에서 9년 동안 쉬지 않고 명상
수행에 전념했다. 그는 시에 이렇게 썼다. "미혹되지 않는 상태를 유
지하라. 난심이 날아가 버릴 것이다. 홀로 지내라. 친구를 얻을 것이
다." 속명은 다이앤 페리이고 1944년에 런던의 이스트엔드 지역에
서 태어난 비구니 텐진 팔모는 1976년부터 12년 동안 한 평 반 남짓
한 히말라야 산맥의 동굴에서 지냈고, 그 가운데 3년은 그야말로 쉼
없는 명상에 임했다. 그녀는 이렇게 썼다. "그 모든 일은 마치 꿈과
같았다. 그 모든 시간 동안 내가 홀로 지냈다는 사실이 좀처럼 믿어
지지 않았다. 그 시간은 마치 3개월 같았다. 물론 그렇게 오래 혼자
지내다보면 정신이 극도로 맑아진다." 서양의 전통에서 은거는 수도
원의 공식적인 수행방법이다. 예를 들어 은둔 침묵 공동체로 유명한
카르투지오 수도회의 경우 모든 수도자들은 하루 세 번 공동기도시
간 이외에는 각자 독방에서 기도와 명상으로 하루를 보낸다. 그리고
일주일에 한 번 산책을 할 때만 대화가 허락된다.

　　은거를 통해 영적 삶을 사는 것이 자기탐닉인지 여부는 그 양
상에 달렸다. 고립은 단념을 의미한다. 은거로 세속의 삶을 버린 카

르투지오 수도회처럼 폐쇄적인 묵언수행 교단들은 자기 삶을 기도에 바쳐 신을 섬긴다고 믿는다. 이는 모든 은거 수도회의 원칙이며, 삶을 외부와 단절하는 명분이다. 우리는 그들이 연민의 실천 수단인 기도의 효험을 전적으로 믿는다고 추정할 따름이다. 그런데 어떤 사람이 은거 수행의 "부름"을 받았다가 다시 세상으로 부름을 받는 경우도 있다. 텐진 팔모는 "계속 동굴에 머물 계획이었지만 삶은 우리가 원하는 것보다 우리가 필요로 하는 것을 준다"라고 말했다. 왕자의 특권을 포기한 부처는 엄격한 금욕을 실천하는 은거자가 됨으로써 깨달음을 향한 고독한 장정에 올랐다. 그는 깨달음을 얻고 나서 사회에 복귀해 중생을 가르치고 불교의 창시자가 되었다.

우리는 기껏해야 잠깐의 은거 수행을 할 뿐이다. 그 간헐적 은거 수행을 통해 내면이 새로워진다면 자기 탐닉이라 할 수 없다. 미국의 작가이자 편집자인 수잔 테일러는 "자기 삶을 열린 눈으로 정직하게 평가하려면 고요한 시간이 필요하다 … 혼자 침묵의 시간을 보내면 정신이 새로워지고 정신적 질서가 생긴다"라고 말했다. 사람들은 대부분 자신이 세상의 중심이라고 느끼고 자신의 시야가 세상의 그것과 일치한다고 믿으며 살아간다. 일정한 기간의 은거 수행을 한 사람들 가운데 "동굴"을 떠날 때 시야가 확장된 것을 느끼지 못하는 경우는 거의 없다.

불가지론은 타당할까?

그리스어의 아그노시스*a-gnosis*에서 유래한 단어 불가지론agnosticism 은 "지식이 없는 상태"를 의미한다. 불가지론이 반드시 의심을 가르 키는 것은 아니다. 그것은 완전한 지식에 미치지 못하는 상태를 인 정하는 것이다. 불가지론은 마음을 열게 한다. 즉 불확실한 앎에서 확실한 앎으로의 이동 가능성을 열어둔다. 이 용어는 헉슬리가 1876 년 형이상학회의 연설에서 처음 사용했다. 그는 영성을 지식의 범주 에서 제외하면서 "불가지론"이라는 용어를 썼다. 불가지론이 꼭 무 신론은 아니지만, 무신론자는 불가지론을 펼 수 있다. 심리학이나 철학에서 "'불가지론'은 현재의 지식 상태로는 "알 수 없는", 그러나 새로운 "증거"나 정보가 나타나면 충분히 바뀔 수 있는 상태를 나타 날 때 쓰인다. 불가지론은 예를 들어 "내 생각으로"를 단서로 단 주 장처럼 불완전하고 잠정적일 수도 있다.

⸱ ⸱

양 무제가 달마대사에게 물었다.
'무엇이 성스러운 진리인가?'
달마가 말했다. '진리는 공空합니다. 전하.'
황제가 말했다. '그대는 누구인가?'
달마가 말했다. '모릅니다.'

『벽암록碧巖錄』(1300년경)

⸱ ⸱

불가지론은 형이상학과 신앙주의를 향한 철학의 도전이다. 그러므로 불가지론의 역사는 헉슬리가 이 말을 쓴 시점보다 훨씬 전으로 거슬러 올라간다. 불가지론은 소크라테스 이전의 회의론과 헬레니즘 시대의 철학에서 출발한다. "앎은 확실한가"라는 주제(앞에서 다룬 바 있다)는 철학사 전체를 관통하는 주된 질문이다. 이 질문은 우리가 지식을, 그것을 입증할 수 있는 수단을 확보하는 방법을 겨냥한다. 넓게 보면 불가지론은 철저한 종교적 헌신과 모순되지 않는다. 앞서 우리는 믿음과 의심이 어떻게 공존하는지를 살펴보았고, 귀신 들린 소년의 아버지가 예수께 아이를 데려와서 "내가 믿나이다 … 나의 믿음 없는 것을 도와주소서."(「마가복음」9:24)라는 간구하는 심정을 독실한 신자들도 대부분 공감할 것이다. 독일 철학자 니콜라우스 쿠자누스는 추기경과 로마 주교 총대리였으면서도 기독교적 불가지론을 대변했다. 쿠자누스의 사고 원칙 중 하나는 그가 인간 정신이 진리에 가까이 도달할 수 있는 길로 여기고 "박식한 무지"를 생각의 기본으로 삼았다. 불가지론적 유대교는 유대교 신자를 자처하면서도 율법학자 식의 유대교를 실천하지 않는 집단을 말한다. 스티븐 배첼러는 불가지론적 불교를 제안하면서 이렇게 썼다. "심오한 불가지론은 삶이란 진정 무엇인가에 대해 나는 정말 모른다는 점을 인정하는 무지 위에 서 있는 것이리라."

불가지론은 지식 일반을 의심해보는 "건강한 회의론"과 결부될 때도 있다. 그것은 판단의 유보 상태, 즉 어떤 관념이나 사실의 타당성이 입증되거나 오류가 드러날 때까지 "건전하게" 열린 마음을 견지하는 "관망적" 태도이다. 불가지론은 흥미진진한 관점이다. 불가지론에서 볼 때 종교적 삶은 고정된 관념이나 규율 체계가 아니라 발견의 여정이기 때문이다. 그러나 그런 여정을 통해 우리가 발견한 것이 우리가 찾고 있다고 생각한 것과 일치하는 경우는 드물다.

무신론은 믿지 않을 용기일까?

이성은 무신론에 다다를 수밖에 없지만 무신론자가 되려면 용기가 필요하다. 많은 사람들이 "신이란 믿자니 안 믿기고 안 믿자니 말이 안 된다"라고 말한 볼테르의 딜레마에 갇혀 있는 듯하다. 무신론자에게는 신자만큼의 믿음이 있다고들 한다. 불신앙은 경험적 증거가 없음을 믿고, 신앙은 왈가왈부할 수 없는 주관적 경험을 믿는다. 우리는 다음과 같이 고백한 익명의 구도자를 이해할 수 있다. "나는 무신론에 편승하고자 했지만, 믿음이 굳건하지 못했다."

때때로 불가지론자는 마음의 결정을 내리지 못하는 기회주의자로 간주된다. 미국의 시인 로버트 프로스트는 "불가지론자가 되지 말고, 다른 무엇이 되라!"라고 호소했다. 무신론자는 분명히 "무엇"이지만, "무엇" 그 이상이다. 즉 무신론자에게는 모종의 메시지가 있고 여기에는 교리와 새로운 사명이 따른다. 무신론자들은 용기있게 그들의 복음, 즉 "희소식"을 전파한다. 개중에는 여느 기독교나 이슬람교 근본주의자 못지않게 열렬히 복음을 전파하는 이들도 있다. 전부

무신론자로 개종시켜야 한다는 입장이다. 초등학생부터 국가 기관에 이르기까지 무신론을 받아들여야 한다고 여긴다. 이성이라는 차갑고 맑은 물로 침례를 받아야 할 판이다. 헨리는 이미 그의 시 「인빅투스Invictus」에서 무신론의 "용감한 새 세상"에 축가를 불러줬다.

> 문이 아무리 좁아도,
> 온갖 형벌이 열거되어도,
> 나는 내 운명의 주인이다.
> 내 영혼의 선장이다.

무신론을 전파하려면 용기가 필요하다. 종교와 신자들을 제거하려고 했던 여러 체제가 이 길을 걸어갔다. 역사를 보면 무신론 복음주의가 무엇을 성취할지 짐작할 수 있다. 결국 세속적 관점과 종교적 관점의 창조적 공존은 사라지고, 여러 종교 문화권의 다원적 공존은 서서히 훼손될 것이다. 그리고 마침내 신은 없으며, 형이상학은 한낱 상상 속의 동화임이 증명되어 "성년에 이른" 우리가 그것을 버릴 수 있을 때, 오랜 허전함에 죽었다고 치부되었던 신을 불러오거나 발명해야 한다고 한 볼테르의 손을 들어줄 것이다.

무신론자로 사는 데는 용기가 필요하다. 미국의 정치 풍자가, 작가, 텔레비전 프로그램 진행자인 스티븐 콜베어의 말이 옳은 듯하다. "불가지론자는 용기가 없어 커밍아웃 못한 무신론자가 아닐까?"

이성으로만 살 수 있을까?

이성에만 의지해 산다면 인생은 지루하고 뻔할 것이다. 이성은 감정, 상상력, 직관, 비합리성 등과 공존하는 정신의 부분으로 이 모든 것이 결합해야 삶은 온전해진다. 비평가이며 작가인 시릴 코놀리의 말처럼 "이성에 근거한 삶은 난폭한 비합리적 감정의 분출로 균형을 찾기 마련이다. 본능은 반드시 충족되어야 하기 때문이다." "이성으로만 살 수 있을까?"라는 물음은 이성이 우리의 정신작용 가운데 최고라고 말하려는 것이 아니다. 이성이 이성과 상충하는 경험까지 끌어안게 하려는 것이다. 이성은 비합리의 영역이 틀리다고 간주한다. 마르틴 루터가 이성을 믿음의 적으로 간주했다면, 벤저민 프랭클린은 "믿음을 통해 보는 것은 이성의 눈을 감는 것"으로 보았다.

이 같은 이성과 믿음 사이의 팽팽한 긴장은 선과 악, 영과 육 등등 서양문화를 추동해온 "메울 수 없는 심연" 즉, 이원론의 징표를 지니고 있다. 별개의 지각 양식이 상대 영역을 침범할 때 문제가 일어난다. 믿음에 이성의 잣대를 들이댄다거나, 상상력의 영역에 이성을 들여놓는다거나 하는 경우이다. 예컨대 이성을 예술의 주된 원리로 삼는다면 어떻게 되겠는가? 경험적 이성으로 검증할 때 쓰는 이성reason과 원인으로서의 이유reason를 구별하는 것이 중요하다. 누가 가톨릭 신자, 정통 유대교 신자, 사이언톨로지교[론 허버드가 창시한 종교운동, 과학적 정신위생] 신자라면 답을 제공하는 분명한 조직, 권위에 대한 심리적 필요성 때문일지 모른다. 이러한 것이 특정 종교를 신봉하는 이유는 되겠지만, 교황의 무오류성, 율법의 불가침성, 론 허버드의 다이어네틱스dianetics[해로운 심상을 제거해서 병을 치료하는 심리요법] 따위를 믿는 합리적 근거는 되지 못한다.

- -

> "이성으로 설명되지 않는 것들이 있음을 드러내는
> 것이야말로 이성의 궁극적 기능이다."
>
> 블레즈 파스칼(1623~1662)

- -

마하트마 간디는 이성과 믿음을 갈등관계로 보기보다, 오히려 이성이 믿음을 도와야 한다고 생각했다. "이성의 시대에 종교 교리가 보편성을 얻으려면 이성과 보편적 정의의 매서운 검증을 받아야 한다." 즉 포스트모더니즘적인 우리 시대에 믿음이 타당성을 갖추려면 이성, 직관, 상상력 같은 정신의 개별 범주에 한정되지 않는 정신 전체의 작용으로 이해되어야 한다는 말이다. 요컨대 믿음은 이성, 직관, 상상력 모두에 관계한다. C. S. 루이스는 "이성은 진리의 자연적인 이치이다. 그러나 상상력은 의미를 부여하는 기관이다"라고 했다. 믿음도 이러한 "의미기관"의 하나이다. 상상력과 마찬가지로 믿음도 온전하려면 단독으로 존재하지 않고, 이성적 진리와 손잡아야 한다.

직관이 논리를 대신할 수 있을까?

설사 직관이 논리를 대신할 수 있다 하더라도 꼭 그럴 필요는 없다. 믿음과 이성이 그렇듯이 논리와 직관도 진리를 이해하는 과정에서 각기 다른 몫을 한다. 논리란 공리에 의한 엄밀한 정의의 방법으로 추론하는 것이다. 철학에서 논리는 추론과정 자체를 검증하는 것이다. 즉 논거가 타당한지 따지면서, 사고의 전개 과정이 맞는지 하나하나 확인하는 것이다. 우리가 일상에서 논리를 얘기할 때는 명료한 추론, 다시 말해 생각을 전개하거나 토론을 할 때 분명하고 합리적인 결론을 이끌어내는 것을 말한다.

카를 융은 직관을 "무의식을 통한 인지"라고 말했다. 직관은 관찰, 논리 분석, 논증을 거치지 않고 어떤 대상의 진실에 이르는 길이다. 하지만 여느 인지 기능이나 마찬가지로 직관에도 정보가 필요하다. 즉 이 과정에서 관찰과 이성이 모두 관여한다는 얘기다. 무의식 차원에서 직관은 축적된 경험에 의지한다. 직관은 "육감", "직감", "심령의 탐지기" 등으로 불리지만, 사이비 과학은 아니다. 임마누엘 칸트는 "순수한 직관은 기본 인지 기관의 하나로 제대로 된 지각"이라고 정의했다.

철학자 앙리 베르그송은 분석은 상대적 인식이며 직관은 절대적 인식이라고 했다. 그런 의미에서 베르그송은 직관이 형이상학을 이해하는 최선의 방법으로 보았다. 그는 직관을 "대상의 내적 실체로 들어가 그 안의 형언할 수 없는 특이점을 파악하는 단적인 공감"

이라고 정의했다. 베르그송이 말하는 직관은, 선불교에서 말하는 즉 각적이고 직관적인 지각 개념에 근접한다. 틱낫한은 "이해는 추론의 정점이 아니라 직접적이고 즉각적인 인식, 즉 직관이다"라고 했다.

심리학자들은 논리와 직관이 두 부분으로 이뤄진 뇌 또는 정신 을 대변하는 것으로 생각한다. 논리는 좌뇌와 합리적 사고, 직관은 우뇌와 감정, 느낌 등과 연결된다. 논리와 직관은 대개 함께 작동해 서 서로 다른 잠재력을 발휘하지만, 때에 따라 한쪽 뇌가 세상에 대 한 인식과정을 주도한다. 직관은 틀릴 가능성이 있지만, 논리는 서 툴게 적용하거나 고의적으로 조작하지 않는 한 좀처럼 잘못된 결론 으로 이어지지 않는다. 논리와 직관이 서로 보완하고 감시하고, 균 형을 이루는 것이 이상적이다. 프리조프 카프라는 논리와 직관이 상 호보완 관계에 있다고 말한다. "합리적 정신의 극단인 현대물리학이 직관적 정신의 극단인 신비론과 만나고 있다. 합리적 지각과 직관적 지각, 양과 음이 상호보완하고 합일하는 아름다운 정경이다."

남극 사우스셰틀랜드 제도의 리빙스턴 섬에 있는 산에는 이성 과 직관의 균형관계를 멋지게 표현한 이름이 붙어 있다. 과학과 지식 일반의 발전에 직관이 기여한 것을 기려 "직관봉Intuition Peak"으로 불 린다.

믿음의 내용이 중요하지 않을까?

신념 또는 신앙의 자유가 있고부터 오만 가지 종교와 철학, 사회 시스템이 탄생했다. 그래서 어떤 것을 선택해야 할지 갈팡질팡하며 "뭐든 가능"이라는 삶의 태도가 팽배해 있다. 옛날 사람들은 무엇을 믿어야 할지 정해져 있었고, 그러한 믿음이 삶과 문화 구석구석에 영향을 끼쳤고, 생활 방식과 생각까지 각인했다. 무엇을 믿는가는 천국행이냐 지옥행이냐를 영원히 가르는 중차대한 개인적 사안이었다. 또 신앙은 별개의 집단들을 한데 묶는 결속력으로 작용했기 때문에 사회에도 중요했다. 즉 통치수단인 법과 도덕을 뒷받침해주는 막강한 권위였다. 어떻게 보면 분명한 전통은 삶을 용이하게 만든다. 즉 사람들은 이생에서의 자기 위치와 영원한 내생을 알았고, 유일한 진리를 주장하는 권위의 보호막 아래 삶을 살았다.

열린 사회는 분명 계몽시대 이전의 세계보다 진일보한 사회이지만, 우리는 마르틴 부버가 말한 "가능성의 혼돈" 속에서 길을 잃었다. 종교적 근본주의는 이에 대한 반작용이다. 그것은 혼돈 속에 질서를 세우려는 움직임이다. 미국의 대법관 벤저민 카도조는 "사상의 자유는 … 거의 모든 자유의 모체이며, 필수 조건이다"라고 말했다. 민주주의 체제에서 소수가 다수에 강제하는 신앙이 아니라 개별 견해의 집합이 법과 도덕을 결정하게 된 이래로, 강제된 신앙보다 자유선택에 의한 신앙이 비중이 커졌다.

"자기 믿음을 강요하는 일보다 사람들이
더 열성인 일은 없다. 보통의 방법이 안 통하면
명령, 폭력, 병화兵火와 살육이 동원된다."

미셸 드 몽테뉴(1533~1592)

　"신앙" 자체도 문제이다. 왜냐하면 신앙은 지식도 경험도 결여한 백 퍼센트 주관의 영역이 될 수 있기 때문이다. 신앙은 엉뚱한 방향으로 흘러가 완전히 정상을 벗어날 수 있다. 심지어 오류가 밝혀져도 맹목적으로 신앙을 고수하는 경우도 있다. 조지 부시는 이렇게 말했다. "나는 내가 뭘 믿는지 안다. 내가 믿는 바를 꿋꿋이 말할 것이며, 내가 믿는 바가 옳다." 이렇듯 신앙의 효력은 믿는 내용, 믿음을 공유하는 방법, 이유 등과 관련 있다. 스웨덴의 경제학 교수인 니클라스 베르그렌은 "신앙은 행동의 동력이 보통 경험에 기초하지 않는다. 그래서 우리 삶의 실상을 돌아보지 않는다"라고 말했다. 결국 정체성을 규정하고 소속감을 부여하는 것이 신앙이 하는 일이다. 베르그렌은 신앙이란 지극히 개인적인 나침반이며, 자아정체성에 영향을 미치는 요인으로 본다. 즉 지식이 나의 정체와 행동을 결정하는 전부가 아니라는 얘기이다. 신앙은 인간 관계와 행동양식을 두루 결정하는 요소일 것이다. 신앙이 꼭 끝은 아니다. 즉 신앙은 탐색의 출발점이 될 수 있다. 일종의 가설로서 과학적, 철학적 탐구의 도약대가 될 수 있는 것이다. 계몽주의 철학자 데이비드 흄은 이렇게 썼다. "신앙은 실재(또는 우리가 실재라고 여기는 것)에게 허구보다 더 큰 존재감을 선사하는 정신활동이다. 우리 생각 속에서 실재의 비중을 늘리고 그래서 실재가 우리의 열정과 상상력에 큰 영향을 미치게 하는 정신활동이다."

8

행위
Behaviour

"진리를 깨닫는 것은 다른 무엇보다 우위이다.

하지만 진실한 삶이 더 우위이다."

선사 나나크(1469~1539)

도덕률은 필요할까?

행위라는 주제를 다루기 전에 도덕과 윤리를 구별할 필요가 있다. 일반적으로 두 용어는 구별 없이 쓰이지만 다른 점이 있다. 크게 보면 도덕은 개인의 행위, 윤리는 사회적 행위와 관련이 있다. 개인이나 가족 차원에서는 허용되는 행위가 보다 큰 집단 차원에서는 허용되지 않는 경우가 있다. 두 단어는 모두 그 사회의 관례와 관계되며 그 안에는 일정한 기준이 있다. 도덕이 어떤 행위에 대해 "선"인지 "악"인지를 가린다면, 윤리는 선과 악을 따지는 일이다. 윤리에는 "규범적 윤리"라는 것이 있는데, 사회의 눈으로 해야 할 것과 하지 말아야 할 것을 정해주고 이 기준에 비추어 어떤 행위가 "옳은지" "그른지" 가려준다. 이 기준을 성문화한 것이 법이다. "도덕률이 꼭 있어야 하나?"라는 물음은 형법이든 불문율이든 또는 구전 예법이든 이런 율법적 요소가 꼭 있어야 하는지 묻는 것이다.

도덕이라는 관념이 언제 시작됐는지는 알 수 없다. 초기 인간이 무리지어 살기 시작하면서 생존의 필요 때문에 옳고 그름의 감각이 어렴풋이 생겨나지 않았을까? 이 시기의 관심은 오로지 생존이었고, 생존이라는 유일한 목적이 그 필요의 한계를 규정했을 것이다. 개인이나 집단의 생존에 위협이 되는 행위는 용인될 수 없었고 응분의 대가를 받았을 것이다. 그런 가운데 일정한 행동 양식이 부족 안에서 규범으로 받아들여지고, 마침내 집단 전체에 적용되는 표준이 되어 윤리의 모태가 되었다. "윤리" 개념은 어떻게 보면 단순한 동기로 출발했지만 이제 "의학윤리"와 "기업윤리"처럼 전문 분야에까지 적용된다. 하지만 윤리는 우리 모두의 일이다. 서구 문화권 전반에 지배적인 영향을 미치는 윤리 체계는 유대교에서 기독교로 이어지는 전통인데, 예수의 산상수훈이 해석한 십계명이 핵심이다. 그 요소는 교회법, 형법, 민법으로 이루어진 거대한 복합체제로 흡수되어 서구문명 발달의 요체가 된다.

모든 사회, 특히 지금처럼 복잡한 사회는 도덕률이 없으면 유지되기 어려울 것이다. 행위와 법 집행의 공적 기준이 없으면 무정부 상태에 빠질지도 모른다. 그렇게 되면 토머스 홉스의 표현대로 인간은 "고립무원의 신세에, 가난하고 험하고, 야비해져서 결국 단명할 것이다." 도덕률이나 윤리 체계 없이도 삶이 가능하려면 사회가 상상 이상으로 성숙해야 한다는 얘기다. 누구나 자유롭게 사는데 그것이 곧 다른 모든 사람에게 최대의 이익이 되는 상태이다. 이런 사회는 가능하지도, 있을 법하지도 않다. 윤리 체계라고 하는 것은 다 이런 원리라고 할 수 있겠다. 한마디로 윤리 체계는 서로를 향한 존중이며 나아가 모든 생명을 향한 존중의 표현이다. 슈바이처는 이렇게 말했다. "윤리는 … 삶에 대한 경외이다. 이 원리는 선은 삶을 유지, 증진, 향상시키며, 악은 삶을 파괴, 훼손, 제약한다는 도덕률의 기본을 가르쳐주었다."

절대적인 도덕규범은 과연 있을까?

도덕적 절대주의는 어떤 조건에서도 항상 옳거나 그른 행위가 있다고 상정한다. 여기에는 권리와 의무가 수반되며 절대 위반을 허용하지 않는 원칙이 있다. 절대적인 도덕률은 종교와 관계가 깊은데, 특히 성서 기반 종교에서 많지만 세속에도 있다. 오랜 세월 절대적인 위치를 누리던 규범도 언젠가는 절대성을 잃는다. 중세 시대에 배교자나 이단자는 화형에 처해졌다. 타협의 여지가 없었다. 그러나 오늘날 서구 사회에서 배교나 이단은 범죄가 아니다.

"네 부모를 공경하라", "살인하지 말라", "간음하지 말라", "도적질하지 말라" 등 구약성서(「출애굽기」 2:17)에 기록된 십계명은 대표적인 절대규범이다. 그러나 이 규범들의 절대성은 희미해져간다. 율법의 절대성은 그것을 어겼을 때 부과되는 징벌로 알 수 있다. 지금도 살인에 "눈에는 눈, 이에는 이"의 원칙이 적용되는 곳이 많다. 법도 처벌도 절대적이다. 그러나 충동적 살인인지, 계획적 살인인지를 분별하는 오늘날 살인에 대한 법은 더는 절대적이 아니다. 도둑질과 간음도 옛날에는 절대규범 위반이었지만 지금은 아니다.

서구의 도덕적 절대주의는 법에서 이상향으로 옮겨갔다. 서구가 낳은 십계명과 끝없는 규범의 미로 속 어디엔가 절대 침식되지 않는 도덕의 핵이 있다. 황금률로 불리는 이 핵은 고대 바빌론에서 현대의 세속 인본주의에 이르는 윤리 체계를 관통한다. 호혜의 법칙이 그것이다. 내가 좋으면 남도 좋아하고 내가 싫으면 남도 싫어한다는 점을 명심하라는 것이다. 유대 율법을 요약해 달라는 청을 받고 랍비 힐렐은 이렇게 대답했다. "당신이 싫어하는 일을 남에게 행하지 말라는 것이다. 그것이 '토라'의 전부이다. 나머지는 부연 설명이다. 가서 배우라." 기독교의 "네 이웃을 네 몸과 같이 사랑하라"라는 구절도 같은 말이다. 마호메트는 마지막 설교에서 이렇게 말했다. "아무도 해치지 말라. 그러면 아무도 너를 해치지 않을지니." 이 원리는 서구의 도덕철학에 면면히 이어져왔고, 칸트의 정언명령으로 응결되었다. 그 첫머리에 "네 의지의 준칙이 보편적 입법에 타당하도록 행위 하라"가 있다. "자신에게나 타인에게나 인류를 대하는 것처럼 행동하라. 동시에 수단이 아닌 목적으로 대하라"가 바로 이어진다.

· ·

"도덕에 너무 얽매이지 마라.
자신을 속이면서 인생의 대부분을 보낼
수도 있다. 도덕 그 이상의 것을 목표로 삼아라.
그냥 선한 사람이 아니라
무언가를 위해 선한 사람이 되라."

헨리 데이비드 소로(1817~1862)

· ·

칸트가 말한 도덕원리는 절대적인 도덕률이 아니라 이상, 즉 인간관계의 최소 공통분모이다. 도덕의 절대성은 당사자가 받아들여야 의미가 있다. 남에게 강제해서는 "도덕"이 될 수 없다. 파스칼의 경고처럼 "세상을 움직이는 것은 생각이 아니라 힘이다. 그러나 힘을 움직이는 것은 생각이다."

법은 반드시 종교적 원리에 입각해야 하는 걸까?

오늘날의 법은 많은 부분 종교적 원리에 기대고 있다. 하지만 법이 세월을 거치면 종교색은 희미해진다. 법이 생명을 유지한다면 거기 담긴 내용이 한 종교의 교의보다 더 보편적인 "진리"임을 의미한다. 아브라함의 신앙에서 나온 법도 마찬가지다.

세속의 입장은 이렇다. "종교에서 비롯한 가치가 옳고 꼭 필요하다는 점은 인정해. 하지만 그 종교를 믿는 것은 아니야." 세속의 인본주의는 신을 버렸지만 한때 종교 가치에서 비롯한 윤리 체계는 간직했다. 그것은 파스칼의 회의론과도 닿아 있다. "종교신념에 의한 악행만큼 철두철미하고 환희에 찬 악행은 없다." 그렇다면 어떤 신념을 가져야 선을 행하는가?

종교가 아니면 법 규범은 어디에 바탕을 두어야 하는가? 프랑스 자유무역론자 프레데릭 바스티아는 경고했다. "법과 도덕이 상충될 때 시민은 자신의 도덕적 기준을 버리든가 규범을 버리든가 선택의 잔인한 기로에 서게 된다." 종교를 배제하려면 법이 도덕적이라는 확신이 필요하다. 대안이 없다면 종교 원칙을 법의 기초로 고수하는 것이 낫다.

그 대안 가운데 하나가 자연주의인데, 자연법의 출발점이다. 키케로는 자연법을 "참된 법"이라고 정의했다. "자연에 합치하는 바른 이치이다. 그것은 보편적이며 영원불변하다. 자연이 명령하는 바가 우리의 의무이며 자연이 금지하는 바가 비행이다." 인간으로 태어났음은 곧 자연이 마음에 도덕률을 새겼다는 뜻이다. 자연의 도덕률은 도의, 동정심, 기본인권을 포함하며, 양심이 그 수행기관이다. 까마득히 그리스 로마 철학에서 발원한 자연법은 종교 색채를 완전히 떨어버리지는 않았다. 왜냐하면 자연법은 인간을 "피조물로 간주해서 창조주의 법을 지켜야 하는 존재"(윌리엄 블랙스톤, 1723~1780)로 생각하기 때문이다. 종교를 믿는 사람들은 창조자가 있어야 피조물이 있다고 생각하며, 인본주의자들은 타고난 도덕적 감수성은 중력의 법칙처럼 옳고 자연스럽다고 여긴다. 공리주의의 선두주자 제러미 벤담은 자연법은 연막이며, 인간의 권리란 "허무맹랑한 얘기"라고 생각했다. 그는 "자연은 인간을 고통과 즐거움이라는 두 군주의 지배 아래에 두었다"라고 주장하며, 어떤 행위의 도덕적 옳고 그름은 그것이 얼마만큼 고통을 최소화하고 즐거움을 증가시키는지에 따라 판단된다고 말했다. 자연법과 공리주의의 문제점을 여기서 논할 수는 없지만, 어쨌든 종교 말고 도덕률의 기초를 제공한 점에서 종교의 대안이 된다. 선택의 문제인데, 세속의 입법자나 통치자들은 쓸모가 있으면 종교적 원리를 고수해왔다. 토머스 제퍼슨은 대통령 취임 연설에서 "남에게 해를 입히지 못하게 할 것. 나머지는 자유롭게 알아서 행동하게 내버려 둘 것"이라고 너무도 간단명료한 입법자의 황금률을 제안했다.

법을 어기는 것이 옳을 때도 있을까?

법을 어겨도 되는 상황은 법이 개인이나 집단에게 양심에 어긋나는 부도덕한 행동을 요구할 때뿐이다. 유태인 은닉을 금한 나치의 법규와 남아프리카의 인종차별 법조항이 대표적이다. 그렇다고 법의 응징을 피할 수도 없다. 전쟁 상황에서의 군 복무 거부도 이러한 "양심의 거부"이다. 종교나 사상의 자유에 기초한 양심적 거부는 인정되어 민간 부문의 일(농업 등)이나 비전투적인 역할(들것 드는 일 등)로 대체되기도 한다. 전쟁 관련 행위 일체를 거부할 권리도 있을 수 있다.

· ·

"나는 어떤 것도 철회하지 않을 것이며 그럴 수도
없습니다. 양심을 거스르는 일은 옳지도 안전하지도
않기 때문입니다. 저의 자리는 여기입니다.
다른 것은 할 수 없습니다. 하나님 도와주소서. 아멘."
마르틴 루터(1483~1546)

· ·

1948년에 비준된 유엔인권선언을 살펴보자. "모든 사람에게는 생각, 양심, 종교의 자유에 대한 권리가 있다. 종교나 믿음을 바꿀 자유, 혼자든 같이든, 공적이든 사적이든 자기 종교나 믿음을 드러내 가르치고, 실천하고, 존중하며, 준수할 자유가 포함된다." 이 권리를 위반하도록 요구하는 어떤 법이라도 위법으로 간주되며 그런 법을 시행하는 정권에는 반대할 수 있다. 양심은 매우 민감한 기준이다. 아인슈타인은 "양심에 어긋나는 일은 국가가 요구하더라도 절대로 해서는 안 된다"라고 했고, 간디도 "양심의 문제에 있어서는 다수의 법도 설 자리가 없다"라고 했다.

양심과 상관 없이 법이 이치에 맞지 않아 어기는 경우도 있다. 영국의 사냥개를 이용한 여우 사냥 금지법은 실효성이 없었기 때문에 악법이라 할 수 있다. 법이 나쁘다는 것이지 여우 사냥이 나쁘다는 판단은 아니다. 사람들은 이 법을 지키지 않았다. 강제할 수단이 없고 따라서 사냥을 눈감아주어서가 아니라, 사냥꾼들이 자신의 행위에 문제가 없으며 법이 자기들의 권리와 자유를 침해했다고 믿었기 때문에 위반행위는 계속되었다.

부당한 법은 어기는 것이 도덕적 의무라는 주장도 있다. "법을 시민의 손에"라는 기치의 발판이 된 이 주장은 항상 위험성이 도사리고 있지만 시민 불복종의 기초이며 인권 운동의 도약대이다.

2010년, 영국의 부총리 닉 클레그는 이렇게 선언했다. "오늘 우리는 새로운 길을 열었습니다. 영국 국민 여러분, 가장 잘 아는 사람은 정책 입안자가 아니라 국민 여러분이라고 믿기 때문에 여러분의 자유를 어떻게 여러분께 돌려드릴지 묻습니다." 그가 겨냥한 것은 세 가지였다. 첫째로 시민의 자유를 침해해온 법, 둘째는 자선 사업과 기업 활동을 옥죄어온 규제들, 셋째로 불필요한데 괜히 존속해서 어기는 사람을 범죄자로 모는 법 등이 그것이다. 클레그 부총리가 정당한 위법의 범위를 어느 선까지 열어둘지 지켜볼 일이다.

전생의 업이 지금의 행위를 결정할까?

서구사회는 업이라는 말은 알지만 충분히 이해하고 있지는 못한다. 그것은 운명론이나 예정설이 아니다. 인도의 종교에서 업보는 삼사라의 순환이라고 하는 원인과 결과의 순환과 관련된다. 인생에서 업보는 탄생, 죽음, 환생으로 나타난다. 인간의 행위나 어떤 사태의 원인이 업이라고 본다면 자유의지가 설 자리가 없어지고 따라서 책임도 소멸된다. 그러나 업보가 이야기하는 원인과 결과는 생이 수없이 이어지는 속에서 오늘의 "나"는 과거의 "나"의 결과라는 뜻이다.

　업보는 "각인", "경향", "가능성"을 뜻하는 삼스카라samskara(팔리어로는 산크하라sankhara) 개념과 어느 정도 비슷하다. 불교에서는 무엇을 만드는 "정신의 힘" 또는 "충동"이라는 말로 표현하는데, 이러한 힘들은 "내"가 일으킨다는 점에서 능동적이고 "내"게 영향을 준다는 점에서 수동적이다. 여기서 벗어나 업이 끊어지면 열반에 들어간다. 프랑스의 불교철학자 앙드레 바로는 업보를 이렇게 요약했다. 보편적인 법으로서 "행위(업)는 어떤 상황이 되면 열매를 맺는다. 그

열매는 익으면 그것에 책임이 있는 사람에게 떨어진다 … 열매가 익는 시간은 한 생애를 넘는 것이 보통이므로 행위가 있으면 그 결과로 한 번 이상의 환생이 있다." 업보는 곧 환생이다.

업보의 원리는 일상에서 무엇을 나타내는가? 시시각각의 선택을 통해 현생과 내생을 결정할 수 있음을 뜻한다. 과거에 한 것은 어쩔 수 없다. 다만 현재 나의 사태, 생각, 행위는 과거의 나의 결과임을 아는 것 말고 과거의 "나"에 대해 할 수 있는 일은 없다. 현재의 삶은 부정적인 것을 바로잡고 긍정적인 것을 증진하는 또 한 번의 기회다. 불교에서는 정견正見, 정사正思, 정어正語 등 팔정도를 통해 긍정성을 실현한다. "나"에게 맞는 기준에 맞게 살게 되면 내생이 좋아진다는 것이 업의 원리이다. 삶은 우리의 선택에 달렸고, 그 선택이 결과를 낳고 그 결과가 또 결과를 낳는다는 것을 알아야 한다. "내"가 "나" 자신의 도덕적 원인이다.

"이글거리는 불길에 나무가 재로 화하듯
자각의 불길에 모든 업보가 재로 화한다."

바가바드 기타(AD 1)

여기서 두 가지가 중요하다. 첫째, 결과를 낳는 것은 행위가 아니라 의도다. 행위가 없었어도 의도가 있었다면 결과를 감수해야 한다. 둘째, 업보는 결정론이 아니다. 한 사람의 업은 내생에 영향을 미치지만 행위에는 영향을 주지는 않는다. 즉 업은 상황을 제공할 뿐 그 상황에 대한 반응에 영향을 주지 않는다. 반응은 어디까지나 자유로운 선택사항이다. 여기서 "상황"이라고 했는데, 그 사람의 삶 전반과 매 순간을 다 가리킨다. 그래서 불교는 순간을 알아차리고 온전히 "현재"에 있을 것을 강조한다.

무엇이 본질적인 가치일까?

도덕철학에서 "본질적 가치"는 주로 "내재적 가치"로 표현된다. 모든 가치 이론은 어떤 것이 "그 자체로" 선하고 바람직하며 중요한지를 알아내고자 한다. 진리와 정의가 내재적 가치의 예가 되겠다. 그 자체는 가치가 없고 다른 것에 쓰여 그 가치에 기여하는 **외적** 가치와 구별할 필요가 있다. 본질적 가치에는 선 혹은 아름다움과 같은 절대 기준이 있다. 선, 진리, 정의는 모두 그 자체가 이론적 도덕 가치이지만 "선하게 살기"나 "진실을 말하기"가 되면 실천적 가치가 된다. 행복은 본질적 가치지만 도덕 가치는 아니다. 연민과 배려처럼 타인의 행복을 돕는 것은 모두 내재적 가치이며 그 내용이 도덕이면 본질적 가치가 된다. 어떤 것이 외적 가치가 있을 경우 그것을 드러내기는 쉽다. 즉 목적에 이르는 수단이 되기 때문에 가늠하면 된다. 가령 운동은 건강에 도움을 주는 만큼의 외적 가치를 지닌다. 그러나 쓰이는 목적이 전혀 도덕적이지 않을 때는 어떤 가치도 그 자체로 본질적일 수 없다.

본질적 가치란 없으면 안 되는 가치다. 소크라테스는 앎, 특히 자기를 아는 것을 최고로 쳤고, 아리스토텔레스는 행복을 첫손에 꼽고, 자신을 아는 것 따위 그 밖의 모든 것은 행복을 위한 수단이라고 했다. 플라톤은 "선한 삶"은 본질적 가치의 총체이며 사람들이 선량하게 사는 것이 전부라고 했다. 플라톤에게는 선량함이 내일 태양이 떠오르는 만큼이나 확실한 부동의 절대가치였다. 그것은 개인의 성향이나 감정의 기복, 형편 또는 욕망에 따라 좌우되지 않는 궁극의 가치다. 무엇이 선인지 알려면 적절한 훈련이 필요하다. 진리와 정의 같은 다른 가치들도 선에서 비롯한다. 플라톤에게 "무엇이 선인가"라는 질문은 그래서 무엇이 옳은가를 묻는 것에 가깝다. "선하다", 선하게 산다는 것은 옳음에 의지해 살아간다는 뜻이다. 그는 선한 삶이 무엇인지 알려면 일정한 앎이 있어야 한다는 소크라테스의 견해에 동의한다. 그러나 플라톤에게 선한 삶은 무엇이 옳은가를 아는 것과는 상관이 없다. 그는 옳은 것에 대한 본능적 직관이 있으면 선한 삶이 가능하다고 지적한다. 선한 삶은 옳음에 대한 지식이 없어도 가능하지만, 그 경우 삶은 불안정하고 위험하며 목적이 없다는 데 문제가 있다. 그래서 옳음을 알고자 하는 이들을 위해 플라톤이 제시한 두 갈래 과정이 있다. 첫째는 선한 행동 관례를 아는 것, 둘째는 수학과 철학을 통해 정신력을 키우는 것이다. 플라톤의 윤리 체계의 본질을 요약하면 옳음이란 "좋은 정부가 할 일"을 정하고 보장하는 것이다. 본질적 가치를 유지하는 책임은 정부에 있는 셈이다.

그래서 플라톤에게는 철학자가 군왕이다!

　다른 철학자들의 본질적 내지 내재적 가치 개념을 더 알아볼 수도 있겠지만, 귀결점은 하나, 즉 진리, 정의, 평화, 행복, 기본 인권을 보장하는 조건들이다. 아리스토텔레스는 지적했다. "우리가 덕이 있거나 훌륭해서 옳게 행동 하는 것이 아니라, 우리가 옳게 행동하기 때문에 덕이 있고 훌륭해지는 것이다."

순수하게 이타적일 수 있을까?

이타주의는 이상이다. 하지만 어떤 사람이 정말 이타적인지 판별하기는 어렵다. 그럴 것이 좋은 의도로 남을 위해 한 일이 이득으로 돌아올 수 있기 때문이다. 나사렛 예수의 자기 희생은 진정한 이타적 행위의 전형으로 일컬어지지만, 그의 행위는 신의 의지를 성취한 것이었다. 남을 위해 자신의 삶을 바치는 행위는 남에게서 무엇인가를 성취하기 위한 것이다. 요컨대 어떤 행동도 이타적이기만 할리 만무하다. 남을 위해 자기 삶을 다 바치는 사람은 극소수이고, 대부분 자기 시간의 일부를 할애해서 소소하게, 그렇지만 의미있게 봉사한다. 윌리엄 블레이크는 이렇게 표현했다. "남에게 선을 행하려면 세부항목이어야 한다. 미만해 있는 선은 엉터리, 거짓, 아첨꾼의 항변이다. 모름지기 예술과 과학은 미세한 세부사항으로만 존재하므로."

　동물학에서 이타주의는 자기 비용으로 남에게 이익을 주는 행위이다. 동물의 이러한 행동은 "이타적"이 아니라 본능적이다. 그러나 인간에게 이타주의는 백 퍼센트 천성도 아니고 타고난 본능도 아니다. 오히려 양심과 "당위"에 따른 움직임이다. 리처드 도킨스의 『이기적 유전자*The Selfish Gene*』를 보면 인간은 "이기적으로 태어나기 때문에 관용과 이타심을 배워야 한다"라는 주장이 나온다. 도킨스는 무신론을 설파하는 사람이다. 그런 맥락에서 보면 그의 주장은 이렇다. 우리는 일차적으로 우리 자신과 우리 종의 생존을 도모하는 행동으로 기운다, 즉 우리 행동의 동기가 무엇이든 우리를 움직이는 토대는 자연법이라는 것이다.

"우리는 자신의 생각이 만드는 존재다.
마음이 이타적인 생각으로 빚어진 자는 말과
행위에서 기쁨이 된다. 기쁨은 마치 지울 수 없는
그림자처럼 그들을 따른다."

석가모니(약 BC 563~약 BC 483)

종교의 견지에서 보나 인본주의의 견지에서 보나, 이타주의에는 분명히 이득이 따른다. 그러나 이타주의에는 또 다른 측면이 있다. 도킨스의 말대로 인간이 타고난 이기심을 억제하도록 배워야 한다면, 그 말은 곧 인간이 타인의 이익에 반하도록 "프로그램되어"있다는 얘기가 된다. 그러니까 내게 최선이 남의 최선과 충돌하게 되어있고, 여기에서 이타주의는 자기 이익을 포기하는 것을 뜻한다. 백퍼센트 이타행위는 이런 모형을 그대로 따라야만 가능하다. 남을 이롭게 하려면 먼저 자신의 우선권을 내주어야 하기 때문이다. 그러나 경계는 미묘하다. 예수가 이타적 희생을 이 배후에 있는 하나님의 뜻에서 분리하는 게 가능했을까?

불교에서 이타주의의 모범은 보살Bodhisattva, 즉 완전한 깨달음을 얻었으나 열반에 들어가기를 포기하고 모든 사람이 깨달음을 얻을 때까지 돕는 사람이다. 달라이 라마의 주장처럼 "붓다와 보살은 가장 이기적이다. 왜? 그들은 이타주의의 밭을 일구면서 궁극적인 행복을 얻기 때문이다." 즉, 보살을 움직이는 것은 측은지심이며 그것은 자신의 가장 고귀한 행복을 창조함과 동시에 다른 사람을 가장 이롭게 하는 일이므로 충돌은 없다는 것이다. 달라이 라마는 "다른 사람을 사랑하는 일은 자신을 잊어버리는 것을 의미하지 않는다. 측은지심을 가져야 한다는 말은 자신을 포기하면서 타인을 도우라는 뜻이 아니다. 결코 그렇지 않다"라고 거듭 말한다.

우리는 항상 진실해야 하는 걸까?

진실을 안다면 이론상으로 진실해질 수 있다. 또 "정직이 최선의 방책"이라는 금언이 지금 통한다. 그러나 "방책"이라는 말 때문에 정직은 도덕에서 방편으로 떨어진다. '진실을 말하는 게 낫지. 그래야 삶이 편하고 덜 복잡하니까. 아무리 잔인해도 진실을 말하는 것이 거짓의 결과를 피하는 방편이지.' "오직 진실만을 말하겠습니다"라는 법정 선서는 정의의 좋은 모범이지만, 법정 밖에서 오직 진실만을 말하는 일은 가능하지 않으며, 또 진실, 또는 진실의 일부를 말하지 않는 것은 거짓을 말하는 것과는 엄연히 다르다. 영국 휘그당의 정치인 제임스 버그도 이렇게 말했다. "모든 사실을 알아야 할 권리가 있는 사람에게 말고는 진실을 다 말할 필요가 없다. 그러나 당신이 말하는 것은 모두 진실이어야 한다."

사람과의 관계에서는 진실해야 한다. 그것 외에는 신뢰할 근거가 없기 때문이다. 그러나 같은 이유로 어떤 사람에게는 진실을 모두 털어놓지는 말아야 한다. 그 사람의 마음을 다치지 않게 하거나 고통을 완화시키기 위해서 우리는 "선한 거짓말"을 하거나, 어떤 사실을 누락시키고, 혹은 진실을 왜곡시켜 충격을 줄이기도 한다. 진실이나 그것의 결과를 이해하기에는 너무 어린 사람에게는 그렇게 하는 것이 맞다. 이런 방편은 우리의 일상을 편하게 만든다. 악하거나 이기적인 이유로 진실을 다 말하지 않거나 왜곡하는 일은 대부분 윤리적으로 그릇된 것이다. 그러나 거짓된 자는 보통 자신이 쳐놓은 거짓의 거미줄에 걸려든다. 거짓을 말하거나 진실을 굽히는 행위는 연쇄적이다. 거짓말은 거짓말을 낳는다는 뜻이다.

사적인 관계에서는 진실을 다소 조정하는 일이 정당화될 수 있지만, 상업적으로는 그럴 수 없다. 광고메시지의 초점은 설득력이다. 광고를 규제하는 기준이 상당히 엄격함에도 이 "설득의 산업"은 이미지, 말, 소리, 순간이미지 등을 모두 동원해서 원하는 메시지 전달을 기어코 달성해낸다. 핵심은 진실 말하기가 아니라 제품 팔기다.

진리는 절대적이지 않다. 불변의 진리는 중력 같은 물리 법칙뿐이 아닌가 싶다. 심지어 아이작 뉴턴이 공식으로 만든 중력 법칙조차 새로운 지식에 발맞춰 조정되어야 했다. 종교의 대변자들은 한목소리로 궁극적, 절대적 "진리"를 이야기하지만 그런 진리는 완전히 주관적이다. 모든 진리는 유연하고 상대적이며 따라서 해석과 수정의 대상이 된다. 우리가 접하는 진리는 분명하게 규정되지 않음에도 불구하고, 우리는 듣거나 읽은 내용을 거의 다 "진리"라고 생각하며 살아간다.

"과학적 진실은 경이롭고
도덕적 진실은 신성하다."

호러스 맨(1796~1859)

알고 있는 진실의 전모를 어디까지 말할 것인가는 양심이 얼마나 민감하냐에 관계된 문제이다. 어쩌면 로마 코스메딘의 산타마리아 성당 입구에 있는 "진실의 입"이 필요할지도 모르겠다. 괴물의 벌린 입에 손을 넣고 거짓을 말하면 손가락이 잘려나간다는 전설이 있다. 피노키오처럼 거짓말을 할 때마다 코가 길어질 수도 있다. 거짓은 겉으로 드러나지 않을 수도 있지만 그 결과는 분명히 있다.

타인에 대한 우리의 의무는 어디까지일까?

의무에는 도덕적인 요구가 들어 있다. 그래서 그것은 우리가 투신하는 임무가 된다. 누구에게 은혜를 입으면 보답을 하듯 의무도 상호적이다. 의무의 핵심은 자명하다. 부모는 자식을 돌보아야 하고, 정부는 정의와 공정으로 통치해야 하며, 모두 가족과 친구들에게 성실하고 자신의 원칙과 신념에 충실해야 한다. 또 앞서 제기한 "항상 진실해야 하나?"라는 질문에서 다룬 진실한 태도도 핵심이다. 프랑스 철학자, 신비주의자, 사회운동가인 시몬 베유는 이렇게 표현했다. "굶주림에 고통받는 사람을 마주쳤을 때 버려두지 않는 일은 인간의 영원한 의무다."

"부과된 의무"와 관계된 직업들도 있다. 군복무를 하는 사람들은 나라와 군주에 충성하며 목숨을 바치도록 요구받는다. 의사들은 히포크라테스 선서를 따라야 할 의무가 있다. 올림픽 경기에 참가한 모든 선수는 올림픽 선서를 하고 그것을 이행할 의무가 있다. "나는 올림픽 경기에 참여하면서 규칙을 존중하고 지키며, 금지 약물을 복용하지 않을 것이며… 모든 경쟁자들의 이름으로 약속합니다."

"자신의 위치, 자기 존재, 그리고 자신의 의무를
기억함으로써 임무를 다하라."

토마스 아 켐피스(약 1380~1471)

타인에 대한 의무는 자신에 대한 의무의 반영이고, 그 기초는 자기 존중이다. 미국의 소설가 리처드 바크는 "인생에서 유일한 의무는 자신에게 진실한 것이다"라고까지 말했다. 우리는 가능한 한 건강을 지키고, 교육과 직업에 매진하고, 자신의 행복과 자아실현을 위해 노력할 책임이 있다. 약물 복용, 과음과 과식, 운동 부족, 방종, 이기심 때문에 의무 이행에 실패하는 사람들이 많다. 자신에 대한 의무를 다하거나 소홀히 하는 만큼 다른 사람에 대한 의무도 마찬 가지이며, 그것은 대인관계의 질이나 양상에도 영향을 미친다. 자기 존중에 실패하는 이유는 자존감이 약하기 때문이다. 타인에 대한 의무 이행에 실패한다는 것은 관계의 악화를 의미한다. 의무감에서 타인을 대할 때 자발적 동기는 줄고 의무는 강압이 되고, 결국 사람들의 기대 때문에 어떤 일에 쫓기는 처지가 된다. 그런 행위에는 진정과 사랑이 없으며, 화가 배태될 수도 있다. 웨인 다이어는 "의무에 바탕을 둔 관계에는 자존감이 없다. 의무감으로 살아간다면 당신은 노예다"라고 말한다.

누군가 용서가 안 된다면 잘못인 걸까?

용서는 성서 기반 종교들의 경전에 자주 등장한다. 대체 용서가 뭘까? 또 어떻게 표현해야 될까? 기독교도는 "우리가 우리에게 죄지은 자를 용서한 것같이 우리 죄를 사하시고"(「누가복음」 11:4)라고 기도한다. 바울은 골로새 사람들에게 "누가 누구에게 불만이 있거든 서로 용납하여 피차 용서하되 주께서 너희를 용서하신 것 같이 너희도 그리하고"(「골로새서」 3:13)라고 촉구했다. 자기에게 잘못한 사람을 일곱 번까지 용서하는 일에 관해 묻는 베드로에게 예수는 "일곱 번이 아니라 일곱 번씩 일흔 번"이라고 답한다. 이 구절의 의미는 우리가 용서받았기 때문에 다른 사람을 용서해야 하며 그 용서는 한계나 조건이 없어야 한다는 것이다. 유대인들에게 용서는 신의 열세 가지 속성 가운데 하나이며, 아미다 기도에서 부르는 신은 "용서에 한량이 없는 분"이다. 이것은 잘못을 하고 용서를 구하는 사람들을 찾는 유대의 속죄일 전날 밤 의식인데, 이러한 탄원에는 잘못에 대한 배상이 따른다. 이슬람교에서 알라는 "가장 위대한 용서"이며, 용서에는 회개를 전제로 한다. 불교도들에게 용서는 "내려놓음"의 문제로, 용서에 매여 있지 말라는 뜻이다. "그가 나를 학대했고, 그가 나를 때렸으며, 그가 나를 압도했고, 그가 나를 강탈했다. 이런 생각을 품지 않는 사람에게 미움은 사라질 것이다"(『법구경』).

용서는 일종의 치유 과정이다. 용서에 실패하면 상처는 계속 곪게 마련이다. 그러나 용서하고 용서를 받아들이는 일은 쉽지 않다. 용서란 '그 문제로 더는 죄를 묻지 않겠다. 그러니 죄책감을 느끼지 않아도 된다'라고 단언하는 것이다. 누군가 나를 때리고 내 것을 훔쳐 가고 고의로 내 물건을 파손했을 때, 용서는 더는 이 일을 마음에 두지 않겠다는 뜻을 상대에게 알리는 일이다. 용서에는 인간관계가 들어있다. 즉 상호적이다. 내게 해를 입힌 사람이 일면식도 없는 사람일 경우, 용서는 가능하지 않다는 말이 있다. 용서는 한마디로 응어리와 상한 감정을 푸는 과정으로, 쌍방의 마음에 평화를 가져다준다. 용서를 구하는 사람이 상대의 용서를 수용하고 죄책감을 버리는 일은 용서를 구하는 마음이 진심이었는지에 달려 있다. 상대의 용서를 받아들이면 갖고 있던 수치심과 완벽하게 화해해야 한다.

용서하지 않고 원망을 키운다면 상처는 악화될 뿐이다. 화와 원한만큼 내면을 갉아먹는 것도 없다. 그러나 용서가 가능해도 실제로 용서에 이르는 데는 시간이 걸린다. 가족과 친구들의 경우 용서가 어렵다고 용서하지 않고 놓아두면 관계가 재개되기 어렵다. 용서와 망각은 하나라고들 한다. 미국의 유대계 작가 숄렘 애쉬는 이렇게 지적했다. 우리가 존재하는 데 필요한 조건은 기억하는 힘이 아니라 그 정반대, 즉 망각하는 힘이다." 그러나 망각이 용서보다 더 힘들고 거의 불가능에 가까울지도 모른다. 잊는 것은 용서의 조건이 아니다. 용서가 그 기억을 치유할 수는 있어도 지우지는 않는다. 그 기억이 더는 고통스럽지 않다는 것으로 우리는 정말 용서했다는 것을 알 수 있다.

. . . .

"적을 용서하라.
적을 골탕먹이는 데 그만한 일도 없다."

오스카 와일드(1854~1900)

. . . .

우리는 자신을 용서해야 할까?

남보다 자신을 용서하기가 훨씬 어렵다. 나 자신을 용서하지 않는다면 용서란 애초에 불가능할지도 모른다. 먼저 자신을 사랑하는 법을 알지 않으면 누구를 진정으로 사랑할 수 없다는 말이 있다. 그러나 이것이 자기애를 말하는지 아니면 자기용서를 말하는지, 그리고 어떻게 하면 이런 마음 상태에 도달할 수 있는지는 알 수 없다. 자기용서는 정치적 올바름을 추구하는 "쿨"한 "뉴 웨이브" 문화의 일부로 생각하는 사람들도 있다. 일종의 자가진단 심리학으로 보는 것이다. 그런 사람들에게 자기 용서는 책임을 차단하는 수단이며 곤경에서 벗어나는 통로로 쓰일지도 모른다. 자기용서는 적어도 이런 수준의 사안은 아니다. 자기용서의 과정은 나 자신을 아는 것의 가장 민감한 촉수를 건드린다. 종교나 영성의 개입이 있을 수도 있고 없을 수도 있다. 모든 용서가 그렇듯 자기 용서에도 도덕적 용기가 필요하다.

자기 용서는 후회의 마음을 버리는 한 방법이다. 우리는 어떤 행동이나 말을 하지 않았더라면, 중요한 문제에서 다른 결정을 했더라면 하고 후회하는 자신을 자주 발견한다. 그런 후회는 쌓이기 마련이며, 자기 용서만이 쌓인 짐을 쏟아버리는 방법이다. 자신을 용서할 수 있어야 앞으로 나아갈 수 있다. 그렇지 못하면 과거에 붙들린다. 앞서 말했듯, 용서에 꼭 망각이 전제되는 것은 아니다. 베벌리 플라니건이 지적했듯이, "잊을 수 없는 것을 용서하는 일은 새로운 방식으로 기억하는 것이다. 우리는 과거의 기억을 미래의 희망으로 바꾼다." 자기 용서의 열쇠는 수용이다. 과거의 일은 되돌릴 수 없다. 그러므로 자기 용서란 자신의 말과 행동의 결과를 마주하는 용기에서 시작된다. "과거의 실패를 직시하고 그것의 실상을 보아야 한다. 그렇지 않으면 자신을 용서할 수 없다." 루이스 B. 스메즈의 말이다. 수용은 우리 행위에 대해 변명하지 않고 책임지는 일이다. 자기 용서는 상대에게 용서를 구하고 고치려고 노력할 때 더 쉽다. 노엘 맥키니스는 자기 용서가 가장 중요하다고 말한다. "자신을 먼저 용서하지 않으면 용서란 불가능하다. 용서는 오직 한 가지밖에 없다. 자기 용서."

사랑이 최고의 가치인 이유는 뭘까?

사랑은 인간 최고의 덕성으로 생각되어 왔지만 "신"처럼 너무나 남용되어 분명한 의미를 잃은 말이 되었다. 사랑은 낭만적 색채를 벗을 필요가 있다. 로맨스는 이상적인 사랑의 이미지를 보여주지만 무미건조한 일상을 지탱하는 에너지는 못된다. 사람들은 사랑을 무조건 성과 연결해서 "연애하다", "사랑에 빠지다"라는 표현을 쓴다. 어떤 이들에게 사랑은 "네 마음을 다하고 목숨을 다하고 뜻을 다하고 힘을 다해 주 너의 하나님을 사랑하라"라는 구절처럼 숭고한 종교적 표현이다. 예수는 더 나아가 "새 계명을 너희에게 주노니 서로 사랑하라"라고 했고, 요한은 예수의 이 말을 덧붙였다. "사람이 친구를 위하여 자기 목숨을 버리면 이보다 더 큰 사랑이 없나니.”(「요한복음」 15:13) 자신의 죽음을 암시한 예수의 말이다.

시에나의 성녀 카타리나는 합일을 사랑의 신비로 이해했다. “사랑은 사람을 변화시킨다. 무엇인가를 사랑하는 사람은 그 대상을 닮아가서, 종국에는 사랑하는 대상과 같아지기 마련이다.” 라빈드라나드 타고르는 이렇게 말했다. “서로 다른 둘이 충돌 없이 일치를 이룰 수 있는 곳은 오직 사랑 안에서뿐이다.” 신비적 합일은 제쳐두고 나와 가족, 나와 친구의 관계는 합일과 친밀함이며, 사랑은 진정한 상호교통을 느끼게 해주는 통로이다. 사랑이란 “타인의 행복이 자기 행복의 전제가 되는 조건이다” 라고 로버트 하인라인은 말했다. 우리는 사랑을 통해 내면의 결핍, 공허감, 허기를 채운다. 우리는 사랑을 갈구하도록 태어난 것처럼 늘 사랑에 목말라한다. 테레사 수녀는 말했다. “사랑고픔은 배고픔보다 해결하기 훨씬 어렵다.”

“나는 이런 역설을 발견했다. 아플 만큼 사랑하면
아픔은 사라지고 사랑이 더욱 충만해진다.”

테레사 수녀(1910~1997)

사랑을 주고받는 것은 감정의 문제이다. 즉 사랑을 이처럼 느낌으로 알기 때문에 문제가 생긴다. 사랑의 느낌이 없거나 사랑받는 느낌이 없으면 사랑이 없다고 생각한다. 마음과 감정은 변덕스러워서 사랑의 근거나 척도로서 불안정하다. 사랑의 지속성은 의지의 문제다. 종교적이든 세속적이든 결혼례에는 대부분 맹세나 계약이 따른다. 수많은 결혼파탄에서 보듯 맹세나 계약 자체가 구속력은 없지만 객관적 강제의 기준은 될 수 있다. 바울은 "사랑은 오래 참고 사랑은 온유하며 시기하지 아니하며 사랑은 자랑하지 아니하며 교만하지 아니하며 무례히 행하지 아니하며 자기의 유익을 구하지 아니하며 성내지 아니하며 악한 것을 생각하지 아니하며 불의를 기뻐하지 아니하며 진리와 함께 기뻐하고"(「고린도전서」 13:4~6)라고 사랑을 노래했다. 이러한 사랑은 주로 정신의 차원이다. 즉 오래 참고, 친절하며, 겸손하고, 사려 깊고, 용서하기는 **선택사항**이기 때문이다. 우리는 누군가를 사랑하겠다, **어떻게** 사랑하겠다고 결단한다. 사랑의 최고치는 감정과 의지가 균형과 조화를 이룰 때이다. 하지만 어떻게 사랑해야 한다는 규칙은 없다. 보에티우스는 말했다. "사랑하는 사람들에게 어떤 법이 필요한가? 사랑은 그 자체로 최상의 법이다."

감사의 말

이 프로젝트가 성사되도록 힘써준 편집자 마이클 만과 이 책이 탄탄한 형식을 갖도록 수정을 거듭 도와준 그와 페니 스토파에게 깊은 감사를 드린다.

특히 책의 내용을 면밀히 검토해서 새로운 통찰을 가능하게 한 밥 색스턴에게 감사한다.

멜린다 베너 모이어는 〈라이브 사이언스〉 웹사이트(www.livescience.com)와 「과학적인 미국인Scientific American」에서 "우리는 왜 욕망하는가?"에 관한 자료를 사용할 수 있게 해주었다. "알기 위해 필요한 것은 무엇인가?"라는 문제를 다룰 때 앤 라이스는 그녀의 저서 『뱀파이어 다이어리Vampire Diaries』의 내용을 인용할 수 있도록 기꺼이 허락했다.

인용된 내용의 저작권 보호를 위해 최선을 다했으며 앞으로도 그 같은 노력을 아끼지 않을 것이다.

2011년 1월 프랑스 페리냑에서,

제럴드 베네딕트

더 읽을 책

Adams, Douglas, *Life, the Universe and Everything*, Pan Books, 2003

Aristotle, *The Nicomachean Ethics*, trans. J.A.K. Thomson as The Ethics of Aristotle, Penguin Classics, 1956

Auden, W.H. *Selected Poems*, Faber, 1968

Augustine, Saint, *Confessions*, Penguin Classics, 1961

Batchelor, Stephen, *Buddhism Without Beliefs*, Bloomsbury, 1997

Bierce, Ambrose, *The Devil's Dictionary*, Bloomsbury, 2003

Bonhoeffer, Dietrich, *Letters and Papers from Prison*, ed. and trans. Eberhard Bethge, Touchstone, Simon & Shuster, 1997

Buber, Martin, *I and Thou*, T & T Clark, 1959

Buzzi, Giorgio, *Correspondence. Near Death Experiences*, Lancet, vol. 359, issue 9323, 15 June, 2002

Capra, Fritjof, *The Tao of Physics*, Flamingo, 1992

Cornford, F.M., *From Philosophy to Religion: A Study in the Origins of Western Speculation*, Harper Torchbooks, 1957

Dalai Lama, *Ancient Wisdom, Modern World: Ethics for the New Millennium*, Abacus Books, 2000

Dalai Lama, *The Power of Compassion*, trans. Geshe Thupten Jinpa, Thorsons, 1981

Darwin, Charles, The Origin of Species, By Means of Natural Selection, Wordsworth Editions, 1997

Davis, Paul, *The Mind of God*, Penguin Books, 1992

Dawkins, Richard, *The God Delusion*, Bantam Press, 2006

Descartes, René, *Philosophical Writings, ed. and trans. Elizabeth Anscombe and Peter Geach*, Nelson University Paperbacks, 1954

Eagleton, Terry, *Reason, Faith and Revolution: Reflections on the God Debate*, Yale University Press, 2009

Einstein, Albert, *Autobiographical Notes*, ed. *Paul Arthur Schlipp*, Open Court, 1979

Einstein, Albert, *Ideas and Opinions*, Random House, NY, 1954

Flugel, J.C., Man, *Morals and Society: A Psychoanalytical Study*, Penguin Books, 1955

Fontana, David, *Does Mind Survive Physical Death?*, Cardiff University, 2003

Fromm, Erich, *Escape from Freedom*, Rinehart & Co, 1941

Fromm, Erich, *The Art of Loving*, Harper & Row, 1956

Gandhi, Mahatma, *The Writings of Gandhi*, selected and ed., Ronald Duncan, Fontana, 1971

Gershom, Rabbi Yonassan, *Beyond the Ashes*, A.R.E. Press, 1992

Govinda, Lama Anagarika, *The Way of the White Clouds*, Overlook Press, 1996

Hawking, Stephen, *A Brief History of Time*, Guild Publishing, 1990

Heidegger, Martin, *Being and Time*, trans. *John Macquarrie and Edward Robinson*, Blackwell, 1993

Hobbes, Thomas, *Leviathan*, Collins/Fontana, 1974

Hoyle, Fred, *The Nature of the Universe*, Blackwell, 1950

Hume, David, *A Treatise on Human Nature*, Dover Books, 2003

James, William, *The Varieties of Religious Experience*, Signet Classics, 2003

Jeffreys, M.V.C., *Personal Values in the Modern World*, Pelican Books, 1963

Jung, C.G., *Man and his Symbols*, Picador, 1978

Jung, C.G., *Psychology and Religion: East and West*, trans. R.F.C. Hull, Routledge & Kegan Paul, 1958

Jung, C.G., *Psychology of the Unconscious*, trans. Beatrice M. Hinkle, Dover Publications, 2002

Kant, Immanuel, *Critique of Pure Reason*, J.M. Dent, 1988

Krishnamurti, Jiddu, *The Penguin Krishnamurti Reader*, ed. *Mary Lutyens*, Penguin Books, 1964

Lewis, Hywel D, *The Elusive Self*, MacMillan, 1982

Locke, John, *An Essay Concerning Human Understanding*, Penguin Books, 1997

Kaufmann, Walter, *Critique of Religion and Philosophy*, Princeton University Press, 1958

Maharshi, Sri Ramana, *Be As You Are: The Teachings of Sri Ramana Maharshi*, ed. David Goodman, Arkana, 1985

Miner Holder, Janice, *The Handbook of Near-Death Experiences: Thirty Years of Investigation*, Praeger, 2009

Montaigne, Michel de, *The Complete Essays*, *trans. M.A. Screech*, Penguin Classics, 1993

Nietzsche, Friedrich, *Beyond Good and Evil*, trans. *R.J. Hollingdale*, Penguin Classics, 1998

Nietzsche, Friedrich, *The Will to Power*, trans. *Walter Kaufmann* & *R J Hollingdale*, Vintage Books, 1968

Nietzsche, Friedrich, *Thus Spoke Zarathustra*, trans. *R. J. Hollingdale*, Penguin Classics, 1961

Nowell-Smith, P.H., *Ethics*, Pelican Books, 1961

Otto, Rudolph, *The Idea of the Holy*, Pelican Books, 1959

Pascal, Blaise, *Pensées*, J.M. Dent, Everyman, 1947

Paton, H.J., *The Modern Predicament*, George, Allen & Unwin, 1958

Peake, Anthony, *Is There Life After Death?* Chartwell Books, USA/Arcturus UK, 2006

Plato, *The Republic*, trans. *H.D.P. Lee*, Penguin Classics, 1955

Plato, *The Symposium*, trans. *Walter Hamilton*, Penguin Classics, 1975

Raphael, D.D., *Moral Philosophy*, Oxford University Press, 1984

Rilke, Rainer Maria, *Selected Poems*, Penguin Books, 1964

Rogers, Carl, *The Carl Rogers Reader*, ed. *Howard Kirschenbaum and Valerie Henderson*, Constable, 1990

Rumi, *Selected Poems, trans. Coleman Banks*, Penguin Classics, 2004

Russell, Bertrand, *Outline of Philosophy*, George Allen & Unwin, 1979

Schweitzer, Albert, *Out of My Life and Thought, trans. Antje Bultmann Lemke*, Johns Hopkins University Press, 1998

Sumedho, Venerable Ajahn, *The Four Noble Truths*, Amaravati Publications, 1992

Tarnas, Richard, *Cosmos and Psyche*, Viking 2006

Tarnas, Richard, *The Passion of the Western Mind*, Ballantine Books, 1991

Teilhard de Chardin, Pierre, *The Phenomenon of Man*, Collins Fount Paperback, 1959

Thoreau, Henry David, *Walden*, Everyman, 1955

Tillich, Paul, *The Courage to Be*, Collins Fontana, 1965

Trungpa, Rinpoche Chogyam, *Cutting through Spiritual Materialism*, Shambhala Classics, 2002

Trungpa, Rinpoche Chogyam, *The Heart of the Buddha*, Shambhala, 1991

Tucker, Dr Jim B., *Life Before Life*, Piatkus, 2005

Voltaire, *Treatise on Tolerance and Other Writings, trans. and ed. Simon Harvey*, Cambridge University Press, 2000

Whitehead, *Alfred North, Adventures of Ideas*, Pelican, 1948

Wiesel, Eli, *Night, Hill and Wang*, 1958

Zukav, Gary, *The Dancing WuLi Masters: An Overview of the New Physics*, Bantam Books, 1980

인명색인

218

사항색인